大人の礼服とマナー

文響社

はじめに

「マナーの山」を登るには

子どもの卒業式、入学式、七五三、弟妹の結婚式、ビジネスパーティー、
親族や恩師とのお別れの会……。
30歳をすぎた頃から、フォーマルな場でのきちんとした装いとマナーが求められます。

しかし、慶事も弔事も、
「どう選ぶべきか、どうふるまうべきか、
基本がわからない」
という疑問や迷いの声を多く耳にします。

実をいうと、編集スタッフであるわたしたち自身も、
自分なりの哲学を持てないまま、その場しのぎを繰り返していました。
でも、これを機会に、「マナーの山」を登ってみよう、
大人として恥ずかしくないふるまいができるよう学んでみよう、と企画したのが本書です。

「マナーの山」を登る前提として、その山のフィールドを知り、
どういう装備を身につけるべきか、体系的に整理してこそ、
自分に合った道を選べるというものかもしれないと——。

なによりこの本の幸せは、
マナーの山々を知りつくした三越伊勢丹さん、
東京鳩居堂さんをはじめとする様々な方々にご助力をいただけたこと。

最強のガイドに導かれたマナーの道を進むなかで、
ルールの土台にある先人たちの知恵が、
「思いやり」の集積であることを教わりました。
すべてのルールの源に、相手を思う気持ちがあること。
みなさまに、その点もお伝えしたいと努めました。

まわりが心地よくいられるための礼服とマナー。
そして自分自身も心地よく。

年を重ねる自分を誇れる、
大人の「美しいひと」への道を、ご一緒に目指しませんか。

本篇の前に――

礼装には格式の高い順に、
「正・準・略」といった区分があります。
カジュアル化が進んでいる現代ですから、
昔ながらのこの区分にズレを感じる場合もあるでしょう。
しかし、基本があれば、アレンジを考えやすく、
臨機応変に向き合えます。
まず、ベーシックルールを心得ておきましょう。

この本の特徴

●本書は、1～5章までその道に詳しい方々から
アドバイスを得て構成しております。
それぞれの相談窓口についてはP・147をご参照ください。

●実用に役立てやすいように、礼装のサンプルコーディネートや
冠婚葬祭のアイテムを写真でご紹介しています。
これらはひとつのサンプルであり、
正しさを決めつけるものではありません。
ご自身の事情に合わせて考えるためのきっかけとしてください。

●地域や立場、個々の生活環境によって、
本書のアドバイスが合わないこともあるやもしれません。
「わたしの場合は～」というお話があれば、
どしどしご教授ください。次回の参考とさせていただきたいです。

カラーフォーマル——慶びの日の装い

正礼装

〈昼〉
一流ホテルの結婚式、披露宴、記念式典など
肌を見せないアフタヌーンドレス、ワンピースなど
和装では留袖、振袖など
男性——モーニングコート

〈夜〉
公式の晩餐会や着席式の祝賀パーティーなど
袖なしで肩を出したイブニングドレスなど
男性——タキシード（ブラックタイ）、燕尾服（ホワイトタイ）

準礼装

レストランウエディング、入卒式、同窓会など
ワンピース、アンサンブル、スーツなど
和装では訪問着、紋つきのつけ下げ・色無地・格のある文様の江戸小紋など
男性——ブラックスーツ

略礼装

気軽なパーティー、発表会、歌舞伎、食事会など
ワンピース、スーツ、パンツなど
和装では色無地、江戸小紋など
男性——ファッションスーツなど

ブラックフォーマル——悲しみの日の装い

正喪服

一周忌までの法要の喪家側（喪主・親族・近親者）、公式の葬儀の主催側のごくあらたまった装い
ブラックフォーマルドレスのほか
ワンピース、スーツ、アンサンブルなど
和装では黒喪服
男性——黒ネクタイのモーニングコート（昼の礼装）

準喪服

一般的な葬儀、告別式での装い
ブラックフォーマルのワンピース、スーツ、アンサンブル
和装では地味な色の色無地や格のある文様の江戸小紋の色喪服
男性——ブラックスーツ

略喪服

急な弔問、通夜、三回忌以降の法事などに
ブラック、グレーなど地味な色の装い
男性——ダークスーツなど

気持ちのしたくから——

大人マナーはＴＰＯをベースに

服装も贈り物も、具体的に選ぶ前に、必ず明確にしておきたいのが、Ｔ（タイム）Ｐ（プレイス）Ｏ（オケイジョン）。つまり「いつ、どこで、どんな機会に」といったシチュエーションです。シーンの緊張度を想像し、その場にフィットするものを選ぶのが何より大切です。

フォーマルの場合はいつもよりＴＰＯをしっかりと考え、紙などに書き出してみる作業をしましょう。そうすることで場の緊張度や主役が把握でき、自分の役割に合った心地よい装いとマナーが見つけやすくなるはずです。

T

いつ？

昼か夜か、季節など　〈例〉春先の昼、夏の夜など

P

どんな場所で？

空間のムードなど　〈例〉一流ホテル内のレストラン、美術館など

O

どんな機会？

慶事弔事の趣旨、主催者、どんな人たちが集まる会かなど　〈例〉知人の祝賀会に子ども連れでなど

「おしゃれな人」より「エレガントな人」を目指して

礼節のあるおしゃれは、上質なコミュニケーションにつながります。「自分らしさ」を表現するおしゃれはとても素敵ですが、フォーマルの場では主役を立てることや、まわりから浮かないことも求められるのです。出席する方々や周囲の環境と、自分らしさが心地よく調和したバランスを心配りしたいものです。

それには、「おしゃれな人」より「エレガントな人」を目指すと、うまくいく場合が多いようです。エレガントとは、「優雅で、すっきりとして上品な様子」です。知識と経験を積み重ね、自分が大切にしたいこと――「おしゃれの哲学」を考えてみることが、エレガントへの第一歩になるはずです。

体型、年齢、役割――「他者の目」を自分に向けて

年齢を重ねるごとに、体型に合ったサイズ感には敏感でありたいもの。それまで好きだったシルエットがピンとこなくなったら、見直しましょう。若作りなファッションに固執しているとイタイ人になってしまうことも。

特に仕事や親族内での役割がある場面では、どう見られているか、またはどう見られたいか、一歩引いて自分を俯瞰《ふかん》できるシビアな目を持ちましょう。

基本を知って、考え、自分の生活に落とし込んで

この本のコーディネートやふるまいなどは、マナーの基本から導いたひとつのベースです。ある程度、常識的なマナーが共通していた昔に比べ、今は多様性の時代です。環境、立場、生活スタイル、個々のものの考え方で、いろいろな道を選べることを意識しましょう。

基本知識を手がかりに、「自分の場合はどうだろう？」「相手が喜んでくれるだろうか？」と問い、自分の実生活に落とし込んでみること。相談したり、迷ったりしながら答えを探って。自分で考えることから正解が生まれます。

1章 カラーフォーマル 15

カラーフォーマル

フォーマルスタイルは「エレガント」がベースです。
大人のエレガントとは品良く見えることで、
それには「清潔感と思いやり」が欠かせません。
シーン別に、サンプルコーディネートをご紹介して
慶びの装いについて考えました。

Color Formal

adviced by Isetan Mitsukoshi Ltd.／
Kamimura pearl P26〜29

1

ベーシックな一枚に

ひざ下丈の上質ワンピース

01

「準礼装」では、正礼装（P・22）ほどあらたまってはいないけれど、街着のおしゃれとは一線を引いた、エレガントな着こなしが求められます。ワンピースやスーツなどに、パンプス、ハンドバッグ、アクセサリーを身につけるのが定番スタイルと考えてください。

いつもはもっぱらカジュアルな服で、何をどう合わせたらエレガントなフォーマルスタイルになるのか悩ましいという方には、まず上質なワンピースドレスがおすすめです。一枚でコーディネートの土台がたちまち決まり、それに小物を合わせるだけですからラク。着まわし下手にとっては救世主です。

デザインは、肌を露出しすぎず、スカート丈は「ひざ下丈」が押さえどころ。さわやかで上品なイメージを目指すなら、柄物よりは無地のもの。ただシンプル好みの人は、地味すぎないように、華やぎを心がけて。レースなど上質感のある素材で七分袖など、シーズンレスに着られるものを選ぶと重宝です。

● 大人の礼装では「**ひざ小僧が見える丈**」は避けて。

● 昼の装いは肌の露出を控える。ノースリーブはショールなどでカバーを。

● ボディコンシャスすぎるシルエットはNG。

● 準礼装のセオリーはP・5参照。

準礼装のスタイル

●着用シーン
一流ホテル・レストランが会場の
結婚式や祝賀会、同窓会、
年配の方が同席するパーティーなど。

フォーマルドレスといえばブラックや濃紺が多いなか、カーキやグレーなどの曖昧色の大人ワンピースは、控えめながらも存在感あり。胸元のアクセサリー使いで地味に転ばない工夫も。小物に統一感を持たせると着こなしの精度があがる。

ワンピース（ジェニーソワール）／ネックレス、ブローチ、バッグ、パンプス（すべてプチソワール）

華やぎディテールの力を活用

フォーマル感は生地が決め手

02

フォーマルを着るということは、「素材を着る」こと。

着る人の足どりを優雅にするシフォンスカートのなめらかさや、デコルテを品良く見せるサテンの光沢感など、エレガントな素材をまとっていると、着ている本人の気分が高まり、フォーマル感を醸してくれるもの。そうした素材の特徴を知っていると、礼装選びに大いに役立ちます。

特に活用度が高いのは化繊（ポリエステルやナイロンなど）。ひと昔前は、化繊というとぺらっとした安っぽいイメージで、久しくワードローブに組み込んでいない方もいらっしゃるかもしれません。ですが、近年の化繊は質が高く、本物の絹のようなシルキーなツヤ感があり、着心地も向上。とろみのあるレーヨンやシフォン、華やかなレースやチュールなど、生地のバリエーションも多いので、エレガント要素を取り入れるなら活用しない手はありません。

また、レースやリボンなどの可憐な装飾を添えることで、生真面目さや辛さをやわらげ、フェミニンな表情や女らしいたたずまいをサポートしてくれます。

NG

● 革素材、アニマル柄、ファーなど動物を連想させるものはフェイクでもNG。

● リネンやコットン、デニム、カシミヤなどのニットはカジュアル枠で礼装には不向き。

● ダメージ加工やアウトドアテイストなど、カジュアルなあしらいは不向き。

素材感&装飾

透け感のある生地

写真のようなチュール生地は軽やかで透け感のある細かいメッシュで、スカート部分などに使うとボリュームが出る。他にシフォン生地は薄手でふんわりと肌触りがやわらかく、そのしなやかさからドレープも美しく出やすい。

ビジュー装飾

ビーズやスパンコール、メタリックなスタッズ、ビジューモチーフなど。キラキラ素材があしらわれた服や小物は、間違いなくフォーマル感をアップ。

ラメ入りの生地

ゴールドやシルバーのラメ素材の織り込まれた生地は、それだけで華やかな印象に。素材のボリュームがあると、よりあでやか。夜の装いであれば照明によって、いっそう美しく輝く。

フリル装飾

リボン同様に、女性を愛らしく見せてくれる定番デザイン。もったりしたフリフリは野暮ったくなるので注意を。大人は歯切れのいいデザインとフレッシュな配色で軽快に。

地紋入りの生地

一色染めのドレス生地では、模様を織り出した地紋入りの生地もよく使われる。単なる無地一色よりも、ドレスの表情に奥行きが表われて華やぐ。

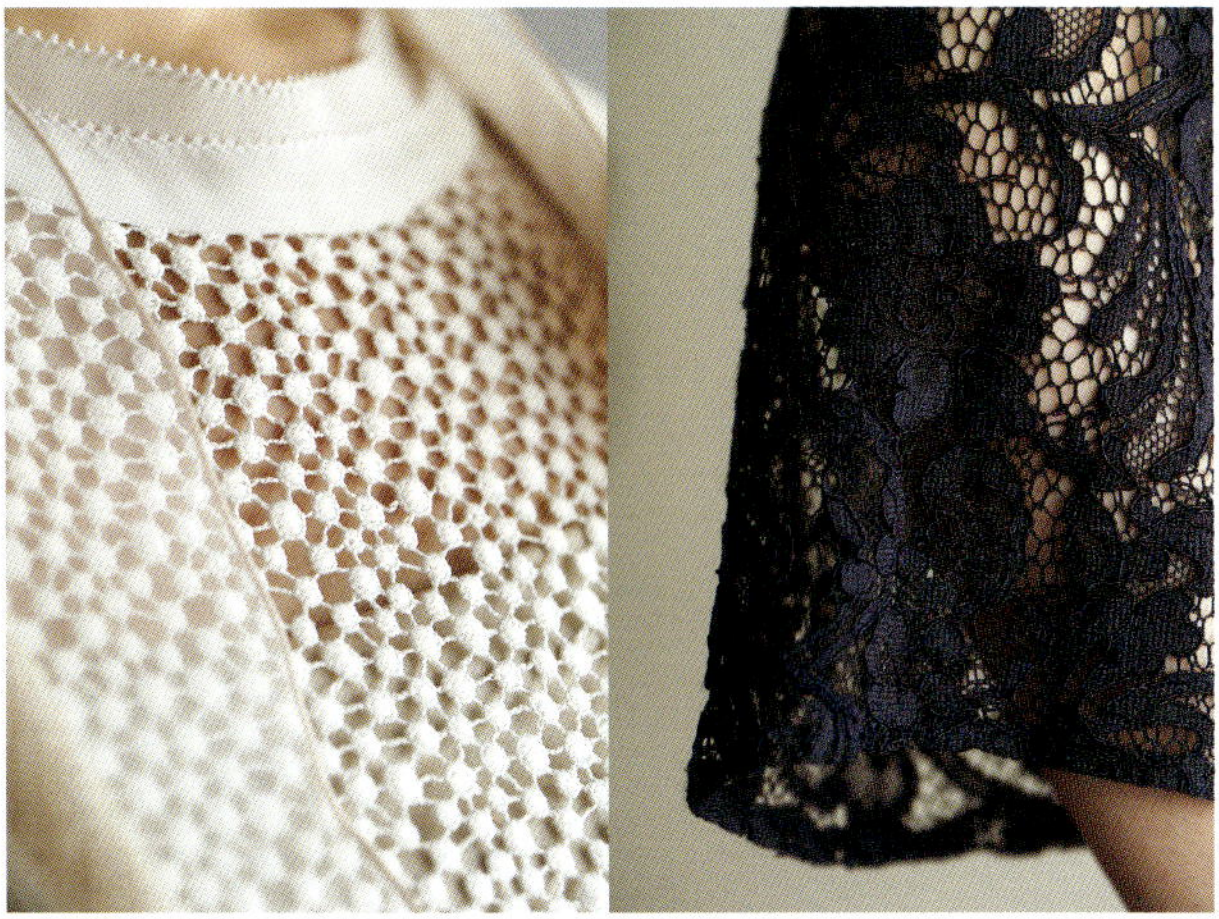

レース生地

刺繍感のあるレース生地や、カーテンのような薄手のレース生地もあり、タイプは様々。レース生地に共通するのは、華やかな高級感。レース柄が大きめだと大人っぽく、小さめのレース柄は清楚な印象に。

シルキーな生地

光沢感とハリのある生地は「上等そう！」なイメージを与えるもの。写真のようなシャンタン生地は独特のヨコ糸の節模様があり、ほどよい光沢。ツヤ感のあるサテン生地やタフタ生地もドレス素材の定番。

リボン装飾

手軽にフェミニンさを演出してくれるリボン。普段の服には取り入れづらいという方はドレスアップで挑戦を。かわいらしすぎると幼く見えるので、細リボンにしたり色目など、どこかに辛みを加える計算を。

ツイード風生地

シルクやラメ糸などが混合した少し厚手のツイード風生地は、フォーマルなセレモニースーツでは定番。通年着られ、着心地は軽く織地のふっくら感がやさしげな印象に。

昼と夜の区別が大切

正礼装のドレスアップ

03

最も格調高い「正礼装」でのぞむ式典やパーティーでは、主催者や主役に向け、祝福や感謝の気持ちを華やかな装いで表現することを意識したいものです。大切に考えるべきポイントは、昼と夜の区別です。たとえば外国船などでドレスコードのあるパーティに参席する場合は、昼と夜で装いをチェンジするのがマナーです。

昼の装いでは、あまり肌を出さないワンピースや長袖のアンサンブルスーツ。夜の装いは袖なしのロング丈ドレスが原則で、胸、背、肩など肌を見せた、ドレッシーなスタイルが基本です。

装いに合ったアクセサリーもマスト。昼はギラギラ光りすぎない上品な小物で、夜の会では照明に映える、光り輝くジュエリーをつけて華やかさを演出します。

欧米のようなロングドレスを着用するパーティーシーンは、日本では特別なことではないでしょうか。人生の大事なワンシーンになることは間違いありませんから、当然おしゃれにも力を入れて臨みたいと思うもの。昼か夜かで、華やかさをどう表現するかを考え、スマートにドレスアップをしたいものです。

NG

- **くるぶし丈のオールインワン**はロングドレス風でも遊び着。
- 午前中～18時の会なら「昼の装い」、18時以降なら「夜の装い」を着用。
- 上下で別素材や柄物のコーディネートは不向き。
- 日本の皇族の方々や、イギリス王室の方々の着こなしもお手本に。
- 正礼装のセオリーはP・5参照。

夜のロングドレス

貴婦人のエレガンスが薫る、ピンクベージュのドレスは光沢感のあるシャンタン生地。胸元の二連パールで「慶びが重なる」といった想いを添えて。夜の装いでは背中が見える女らしいドレスや光の強いジュエリーを身につけてもよい。

ドレス（ジェニーソワール）／バッグ、パンプス（ともにプチソワール）／ネックレス（上村真珠）

昼のワンピーススーツ

体型を選ばないフィット&フレアーのワンピースは礼装の定番。スカート部分には花柄の紋織りがほどこされ、フェミニンな印象に。ジャケットの下はノースリーブのワンピースで、夜の装いにも着まわせる。

ジャケット、ワンピース（ともにジェニーソワール）／コサージュ、パンプス（ともにプチソワール）

正礼装
昼・夜のスタイル

● 着用シーン
格式ある結婚式・披露宴、
叙勲など格式ある式典、公式の晩餐会、
着席式のパーティーなど。

04

控えめでいて知的な印象に

入卒式などのセレモニー服

記念式典や、子どもの学校行事に参列する日の「セレモニー服」。お悩みとして多いのは「卒業式と入学式で、服装を変える必要がある？」といったこと。一般に、卒業式は「お別れ」の意味を持つ式典のため、派手さや色っぽさは抑え、落ち着いたトーンに。逆に、「出会い」の式典である入学式は、華やかな装いが好ましいとされています。

共通しているのは、スカート丈はひざ下など、肌の露出は控えること。準礼装（P．16）のルール通りですが、基本的にはスーツで、ワンピースの場合は一枚ジャケットを羽織ると、「親」としてふさわしい落ち着きが出ます。定番スタイルのなかでも、人気が高いのが左ページのノーカラーのツイードスーツです。

ただし、学校によっては濃紺スーツが暗黙の了解となっていたり、ケースバイケース。迷ったら経験者や身近な方にリサーチするなど、押さえどころの見極めが大事です。

なんにしても「主役を立てる」装いであること。主役の子どもより目立ってしまっては、マナー感覚を疑われます。もちろん「きれいなママ」でいたいのも女心。素材や色味を選び、場になじんで自分も心地いい、「調和美のおしゃれ」を目指したいものです。

NG

●木綿、麻、ニットなどのカジュアル素材は不向き。

●柄物や色使いに主張のある装いは避けて。

●黒ストッキング、タイツ、ソックスはカジュアルになるのでNG。

●クールすぎるビジネススーツ、色っぽいボディコンシャスな装いは不向き。

準礼装
セレモニーのスタイル

● 着用シーン
入学式・卒業式、発表会、
同窓会、スーツスタイルの多い
式典など。

「きちんと、きれい」なスーツスタイル

左：だれの目にも感じよく映る「ベージュ×白」は鉄板コーデ。セレモニーの装いは、小物の色味に統一感をもたせるとエレガントに。大ぶりな胸元のコサージュも、色味が服と調和していると、大きくてもわざとらしさがない。

スーツ（ジェニーソワール）／ネックレス、コサージュ、パンプス（すべてプチソワール）

右：グレーのツイードはラメ糸が混じってほんのり光沢のある生地。ベーシックカラーでも地味すぎない装いに。小物やインナー次第でカジュアルダウンも自在で、単品での着まわしやすさが魅力（ジャケットの着まわしはP.72）。

スーツ（ジェニーソワール）／ネックレス（上村真珠）

パールアクセサリー

Pearl Accessory

カラーフォーマルにアクセサリーは必須ですが、ことにパールは特別。慶弔に使える手がたいアイテムであり、かつ日本女性の心と肌に深く響き、さりげなく寄り添ってくれるジュエリーなのです。

どんなファッションにつけても、エレガントさを高めてくれる点が魅力。実際、本書でも慶弔の装いにパールを多用しています。

フォーマルのルールでいえば、人工パールのアクセサリーでもまったく問題ありません。ただ、人生の大事なシーンに身につけ、思い出を重ねるステディーなパールとするなら、品質の良いものを手に入れるべき。緊張しがちなフォーマルなシーンでは、お守りのような存在になるはずですから。

弔事にも使うなら、白、黒、グレーの色味の一連パール。悲しみごとでは華やかすぎない装いを心がけます。

パールが神秘的なのは、貝という生き物から作られた物で、一粒一粒が世界にひとつだけのジュエリーであること。ツヤも色味も微妙に違いがあるから、自分の「肌感覚」で吟味して選ぶのがいいでしょう。

NG

● 弔事では一粒パールのネックレスは金銀の金具が見えるのでNG。

● 弔事では二連、三連になるロングパールは「悲しみが重なる」につながるのでNG。

● 弔事でのイヤリングは、垂れ下がるデザインや大ぶりの珠はNG。バロックの淡水パールも避けて。

● 慶事では黒服に一連パールをつけるなら、ショールを羽織るなど喪服風にならない工夫を（P・32）。

パールネックレスの定番

フォーマルからデイリーまで使えるパールのネックレス&イヤリング。珠のサイズは直径7㎜前後、ネックレスは長さ42cm前後の「プリンセス」と呼ばれるタイプが定番。デコルテが美しく見える。

喪には光をおさえた珠

喪服に合わせるアクセサリーは、白、黒、グレーのパールに、オニキス、ジェットなど。弔事のパールの色味は地域によって白のみのところもあるとも聞くので、購入前に近しい人に相談しておきたい。

短めタイプの「チョーカー」

鎖骨に添うチョーカータイプは首をほっそり見せてくれる。青味がかったグレーの珠は、天然の色味。弔事も正喪服着用時以外なら問題ないが、珠が明るいグレーなら避けたほうが無難。

安心のパール選び

自分の肌色、体型、用途に合わせてパールの色味やサイズを選ぶ。ロング丈、ショート丈と長さで印象が違う。天然パールを母から受け継ぐ方も多く、間違いなく「一生もの」に。

ロングタイプの「オペラ」

丸い形だけでなく、ドロップやバロックといった多彩な形もあり。自然の色味を持つ真珠が放つ光は、人工的な白とはまったく違う。

1

最後につけ、最初にはずす

肌に直接身につけるアクセサリーは案外汚れるもの。
天然パールは、酸に弱く、汗や皮脂、
化粧品、香水が苦手。パールに限らず
大事な宝石をつけるときは、お化粧をすませてから
身につけて、帰宅したら最初にはずして。

2

使った後はやさしく布拭き

セルフケアの基本は「使用後に拭く」。
ジュエリーについているセルベット（磨き布）か、眼鏡拭きのような
やわらかい乾布を使って。ネックレスは上から下へ3回ほど
布をすべらせ、珠についた汗やホコリを、やさしく拭きとって。

3

しまうときはケースに

パールは硬度が低いので、硬い宝石と
ごっちゃにすると珠が傷つきやすい。
収納は、1つのケースに1つのアクセサリーが基本。
他の宝石と一緒にするときは、やわらかな布にくるんで
直接あたらないように。長時間、直射日光に
さらしておくと変色の危険もあるので、
外に出しっぱなしにしない。
使ったら必ずケースで保管を。

4

定期的にメンテナンスを

本真珠は自然のものだから、使っていると
テリや色味などは経年変化するもの。糸がゆるんだり
色がくすんだら、専門店などでメンテナンスを。
クリーニングをしてもらうと輝きを取り戻す。
ネックレスは糸替えをしてもらうと、美しく長持ちする。

まわりの目に明るく映る

場を彩るキレイ色の装い

05

フォーマルに限らず、日々のコーディネートでも、「色」による印象操作は効果絶大。招かれた場で、主催者やまわりの人たちに、どう印象づけたいかを考えるのも、服の色選びのヒントになります。

一歩控えた存在でいたいときは黒、濃紺、グレーなどのシックな色、やさしく女らしく見られたいならピンクベージュなどの淡い色、知的に見せたいならロイヤルブルーといったふうに。

人前で話す予定がある日などは、自分の装いが場を彩ることを意識して。いつも地味な色を着ている人も、ここぞという日にキレイ色をまとうと、ギャップの魅力が発揮できます。

着慣れていない色でも、年齢があがると肌に映える色も変化してくるものです。本来の自分に合う色（P・88）を探し、新しい色を取り入れると、おしゃれ心も活性化します。

ただしインパクトのある色を使うときは、色数を絞ること。バッグや小物の色も関連づけて、全身のコーディネートを3色までに絞ると、上品な印象にまとまります。

NG

● 主役とかぶらない服の色柄を選ぶ。**アニマル柄**などはNG。

● 格の高い場での装いには1色のコーディネートがベター。

● 昔は2色に分かれるバイカラーは礼装NGだったが、今は調和していればOK。

● エレガントカラーといわれるのはパステル、金、銀、紺、黒。

カラードレスのスタイル

着ていく空間との相性で配色

オレンジやピンク、イエローなど、明るい暖色系の色をまとっていると、「わぁ、きれい！」とまわりが華やぐもの。自分の服もその場の風景のひとつと意識して。

ドレス（ジェニーソワール）

華やかな小物を加えて

慶事のブラックドレス

06

ブラックドレスはコーディネート次第で、味方にも敵にもなるアイテム。やってしまいがちなのが、パーティーなどに「とりあえず黒」と、ドレスから靴までオールブラックでまとめた装い。ドレスアップしたつもりが、思いがけず喪のムードをまわりに与えることもあり、気をつけねばなりません。

すっきりと見え、頼もしい黒ですが、素材の良し悪しが表れやすくもある色です。フォーマルシーンに用いる黒には、大人の肌がきれいに見えるツヤ感素材で女らしさをキープ。たとえば光沢のあるサテンのブラックドレスに、ラメ糸を使ったショールやシフォンのボレロを合わせると、素材違いでメリハリをつけた着こなしができます。

また同じ寒色系でも、ブラック×ネイビー、ブラック×グレー、ブラック×ブラウンベージュなど、ワントーン明るい色を重ねるだけで、イメージがぐっと軽やかに。

ブラックコーディネートの仕上げには、小ぶりのバッグやアクセサリーのきらめきを添えると、自然とエレガントスタイルに近づきます。

NG

●**ツヤなし「マットな黒」**は喪の印象を与えるのでNG。

●**黒一色**同様に、主役感の強い白一色も注意を。立場によりオールホワイトの装いは不向き。

●黒をベースに、花模様など絵になる柄や色のショールなどをあしらうと着映えする。

ブラックドレスのスタイル

黒コーデに、華やかアイテムを+1

黒ドレス×紺ボレロ

シンプルな黒ドレスに、レースの紺ボレロを羽織り、シックななかにも女らしさが感じられる装い。さらにロングパールで甘味をプラス。

ワンピース、ボレロ(ともにジェニーソワール)／ネックレス、バッグ(ともにプチソワール)

黒ドレス×ラメショール

ラメ素材の入った銀色のショールを黒ドレスに重ねると、表情もロマンティックに。顔近くにまとうストールは、着る人の印象に直結する。

ワンピース(ジェニーソワール)／ショール(六本木)

足元から脱カジュアル

礼装の要は上品ヒール靴

07

礼装には「ナチュラルストッキング＋パンプス」が基本中の基本。喪の場合もそうですが、フォーマルでは、きちんとストッキングを穿くのもマナーと見なされています（ストッキングの追記はP・43）。

靴については、素材はカーフやエナメル、布やレースやベルベットに見えるものを。形は、足の指や甲、かかとを覆ったものが適しています。足の爪や指が見えるオープントゥのパンプス、ミュールは華やかさがあっても、あらたまった礼装には不向きとされます。

足のケガや妊娠中など、健康上の理由がなければヒールがあったほうがフォーマル向き。ハイヒールでなくてもかまいません。ひざ下丈のスカートの場合、3〜5㎝ほどのヒールを履くと、ふくらはぎの筋肉がキュッとあがって、着姿がきれいに見えるのです。

ただ、ヒール靴を履き慣れていない方は、途中で足が痛くなって宴が楽しめないという失敗も多いようです。ラクな靴で移動し、現地でヒール靴に履き替えるなど工夫しましょう。居心地よくいられることも、エレガントなふるまいの大事な要素になるはずです。

NG

- オープントゥの**サンダル**や**ミュール**は基本NG。デザインにより略礼装ならOK。
- ブーツは一般的にカジュアルアイテムなのでNG。
- 爪先が隠れ、かかとにベルトがあるサンダルはOK。
- アニマル柄やファー、羽根などは華やかだが、フェイクでもNG。

足元から TPOを考える

高級レストランでの食事会なら、同じスカートでも、素足にペタンコ靴より、
ストッキングにパンプスのほうが調和。シーンにマッチするのは
ペタンコ?ヒール?と、足元から着こなしを考えてみては。

ストッキング+ヒールのパンプス

素足+フラットパンプス

フォーマルの足元

5cmヒールの黒パンプスはかかとのストラップが構築的で、チュールスカートの甘さを引き締めてキリッとした印象に。

パンプス(プチソワール)

カジュアルの足元

パンプスは黒エナメルの光沢が華やかだけど、ペタンコ靴とノーストッキングの素足にチュールの甘さが相まって軽い印象に。

シンプル服の格上げに有効

「小ぶりバッグ」でフォーマルアップ

08

大人の「きちんと感」で、ポイントになるのは、靴、そしてバッグです。シンプル服にパンプスとフラットシューズでは、お出かけシーンが変わるとお伝えしましたが（P・35）、バッグでも同じことがいえます。同じワンピースでも、大きなバッグを小ぶりのクラッチにスイッチするだけで、ムードは一転。クラッチを小脇に抱えるその所作が、エレガンスを醸し、「きちんと、きれいな人」へ導いてくれます。

華やかなドレスを着ても、荷物が多いからといつもの大きなお仕事バッグを持ってしまうと、レディなムードは半減。つまりバッグ1個が着こなし全体の演出を、大きく左右するということです。

礼装向きのバッグ素材は、カーフ、シルクサテンや化繊など。ビーズやビジューをあしらったバッグも定番です。

「パーティーバッグは小さすぎて、荷物が入らない」という悩みどころには、2個持ちでサブバッグ（P・39）を上手に活用して。主役バッグと色や素材が調和するものがベストです。

NG

- 帆布や**カゴバッグ**はフォーマルには不向き。
- 小型バッグは、エレガントできらめき感のあるデザインが好ましい。
- 柄物やマットな色味の黒バッグは避けたほうが無難。
- クロコダイルやヘビ革の型押しなどは高級品であってもNG。

バッグで
装いを切り替え

同じワンピースに、大きめのバッグを持つとデイリーな雰囲気に。
小ぶりのバッグに切り替えると、手つきも変わってドレッシーな印象。
場になじむように、装いを格上げする「スパイス」として活用して。

フォーマルな小さめバッグ

カジュアルな大きめバッグ

瀟洒なレストランへ出かけるときには、手元にクラッチを投入。着こなしが一気にフォーマルアップされる。

ワンピース（ジェニーソワール）／バッグ（プチソワール）

デイリーにはボストン型の大きめのバッグ。レースのワンピースを品良くカジュアルダウンする。

ワンピース（ジェニーソワール）

フォーマルバッグ＆シューズ

礼装に使いやすいタイプの
バッグ・シューズをピックアップ

上品リッチなクラッチ

クラッチバッグは光沢やきらめき度で活用シーンの幅が違ってくる。ピンクのクラッチはパールビーズの品のいい光沢感で、昼夜の礼装に。黒に金細工がゴージャスに映える黒のクラッチは昼にはきらめきが強すぎるが、夜のパーティーシーンのアクセントにぴったり。

ピンクのバッグ（プチソワール）／黒いバッグ（六本木）

ドレスの色と関連づけてピンクのバッグを持つと、ぐっとフェミニンに。エレガントなスタイリングのカギは曖昧色のグラデーション。

ドレス（ジェニーソワール）／バッグ（プチソワール）

大人しいモノトーンの装いも、手元にジュエリーボックスのようなクラッチを持つと、たちまち華やかに。

ジャケット（ジェニーソワール）／バッグ（六本木）

ベーシックカラーの
パンプス

黒、金、銀などベーシックな色は、正礼装から略礼装まで使い勝手がいい。プレーン型はどんな服にも合い、ビジューなど装飾のあるタイプは夜のシーンにも映える。ヒール高は3～5cmくらいを目安に。

黒のパンプス、銀のパンプス（ともにプチソワール）／金のパンプス（六本木）

バッグと靴のゴールドを揃えて、ドレスの装いをバッグアップ。バッグと靴の色を揃えると全身の着こなしがすっきり、おしゃれが深まる効果あり。

パンプス（六本木）

小ぶりバッグを使う日に、必須のサブバッグ。キャラクター柄のバッグや紙袋は避けて。ツヤ感素材の、黒や金銀、ベージュなどはどんな服にも合わせやすい。

右：黒のサブバッグ（プチソワール）

甘すぎず、辛口すぎない

「大人ボレロ」で七難隠す

09

ボレロといえば、若い人の結婚式ファッションのスウィートなイメージでしょうか？今どきのボレロは、おしゃれに進化していて、大人の礼装を何かと助けてくれます。ボレロのメリットを見直すと納得です。肌の露出を抑えたいシーンや、会場の冷房がキツいときなども、さっと羽織れる着やすさ。手早く脱着できるのは、パーティーなどの慌ただしい場では、安心できるものです。

ショールのように巻いたり結んだり、自分で素敵にスタイリングする自信がない方も、心配せずに装えます。

ノースリーブの上に羽織れば、二の腕を隠して、体型カバーにも有効です。短丈のボレロは胸下あたりの切り替えで、お腹まわりのカモフラージュに。やせている方はフリルなどあしらいがあるボレロを着て、シルエットを女らしく補整できます。

一番の魅力は、無地のシンプルなワンピースでも、ボレロを羽織ると、華やかさが醸されること。たとえば、きれいめの普段着ワイドパンツに、ボレロをオンしてみると、パーティールックに早変わり。ハレにもケにも、大人ボレロの懐は深いのです。

NG

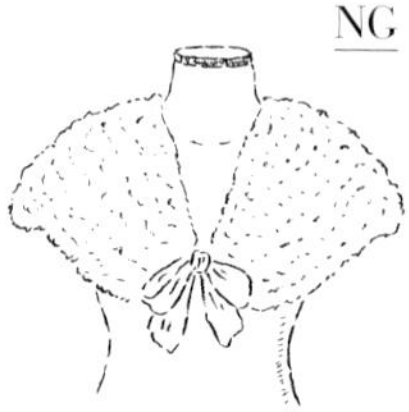

- **ファーのボレロ**は殺生をイメージさせるのでＮＧ。フェイクファーも避けて。
- ドレスに羽織ったボレロはコート素材でなければ室内の着用ＯＫ。
- 秋冬はベルベット素材のボレロも好まれる。
- 綿、麻、ニットなどカジュアル素材のボレロは不向き。

ボレロのスタイル

少し甘さのある大人ボレロ

クラシカルなニュアンスのあるドレープのシフォン。シンプルな服を、ほんの少し甘めに装うときに重宝する。ベージュのボレロは紺と同じく、服を選ばずに着こなしやすい。

ドレス（ジェニーソワール）／ボレロ（プチソワール）

カラーフォーマルのQ&A

フォーマルアイテムの利点や買い方から、小物の疑問、シーン別の装いなど。気をつけたい点をご相談。

相談窓口●伊勢丹新宿店 カラーフォーマル

Q1

カラーフォーマル売り場のドレスは普通の
ブランド服と違うもの？

礼服には素材や着丈など、礼に適ったポイントがあり、フォーマル売り場は、TPOに適った装いをトータルで選べるコーナーです。

おしゃれ着のブランド服からフォーマルのドレスや小物を見つけることも問題はありません。ですが実際にフォーマルポイントをチェックしながら探すと、「これって着てもいいの?」と迷われることも多いと聞きます。

一般に、フォーマル用に作られた服は高級感がある上質の生地で、縫製も細やかで、長く愛着できるものが選べます。

コサージュやビーズ系のバッグなど、普通の服のコーナーでは見つけづらいアイテムが充実している点も特徴です。

Q2

パーティードレス探しをするなら
どのくらい前から
準備すべき？

たとえば、P・23のような正式なロングドレスでしたら、裾上げなどサイズ調整が必要なので遅くとも1カ月半前にはご準備を。人生の素敵な思い出になるように、早めに計画をして進めましょう。

またパーティーといっても、空間や人、趣旨によって、シーンの緊張度は違います。相手への礼儀と自分の好みのファッションの折り合いをどうつけるかが礼装の悩ましさですが、フォーマル売り場はよき相談窓口。フォーマルスペシャリスト検定の資格を持つスタッフが、個々の事情をお聞きしながらアドバイスすることも。TPOや予算も含め、人に話しながら試着していると、落としどころが見つかりやすいものです。

Q3 式典やパーティーの受付を任されたとき、装いで気をつけることは？

受付はご祝儀を受け取ったりご案内したり、体を動かすことも多い立場。お辞儀をするたびに胸元が見える服や、動くたびに耳障りな音がするアクセサリーをつけるのは避けましょう。

Q4 高級ブランドのバッグや服があればフォーマルに心強い？

どんなに気に入っていても、どんなに高価な物でも、フォーマルの礼に適っていなければ失礼になります。有名ブランドのマークのついたバッグもそれが革製なら、殺生をイメージさせるので礼装にはNGです。「ブランドの高級さ＝フォーマルスタイル」とはならないのです。素材感、シーンの雰囲気に合う物選びが大事です。

Q5 柄物の網タイツやストッキングは華やぐのでOK？

基本的に、タイツ、網タイツや色柄のついたストッキングはカジュアルなアイテムとされています。一方で最近はフォーマルなシーンも国内外でカジュアル化しており、さりげないラメ入りのストッキングや、ワンポイントのラインストーンなど上品なデザインなら受け入れられやすくなっています。ただ、格式のある場であったり、年配の方が不快に思われるような場でしたら避けたほうが無難です。

Q6 子どもや夫と一緒のフォーマルシーンで気をつけることは？

同伴者がいるフォーマルの場では、1人で装うとき以上に、バランスに配慮しましょう。

入学式、卒業式など、お子さんが主役のイベントでは、子どもたちはネイビーや白など色味を抑えた準制服を着ることが多く、親が華やかすぎるファッションでは浮いてしまいます。

自分の着たい服を優先するあまり、ママが主役でお子さんを従えて見える、「悪目立ち」は避けたいもの。特に男の子は、胸元の開きの広いデザインなど色っぽすぎる装いを好まない傾向があります。

フォーマルでは男性のドレスコードに準じるのが基本です。ご夫婦やカップルで出席されるときには、男性のポケットチーフとドレスや小物の色を合わせるなど、どこか互いにつながりを感じるおしゃれであると素敵ですね。

役どころを楽しみ 慶びの日を彩るおしゃれ

慶事の礼装は「引き算のしすぎ」に注意を。華やぎは大事な気づかい、と礼装のプロに教わりました。「飾りすぎて主役の方より目立つのはいけないのですが、地味すぎるのはお寂しいですよ。お招きの場を彩る景色にもなるわけですから」

ほんとに、そうでした。招かれた場の彩りになることはもちろん、華やかに装うことはお祝いの気持ちの表現でもあります。

また、大人の礼装を考えるにつけ、わたしたちはいくつもの「役どころ」を生きているのだなと感じます。

仕事の顔に、ママや妻の顔、親といれば娘の顔に。妻の役で夫に添うとき、ママとして子どもの行事に出るときなど、職業（大事なアイデンティティであっても）は問われないことも多いのです。

あるファッションモデルの方の子育てエピソードにこんなお話がありました。

子どもの発表会にいつもの自分スタイル（黒いミニスカート）でおめかしするつもりが、息子さんから「他のお母さんみたいなやさしい服にして」とリクエストされたそう。以来、淡い色のゆったりしたシルエットの「息子目線」のママ服を学校用に取り入れていらっしゃるそうです。「ゆったりした服は動きやすくて、体がラク。ママ役のおしゃれは新鮮で楽しいですよ」と。

素敵だなと思ったのは、自らがママ役を「楽しむ」マインド。義務感で装うとやらされ感が出ますが、役どころの服をおもしろがり、さらにおしゃれの幅も広げる感じは、まわりも自分も和みます。

どの役でも、大切な人の慶びのシーンを、だれもが微笑むおしゃれで彩れたら、それだけでうれしいでしょうね。

ブラックフォーマル

社会人の式服として、
弔いごとに参列する喪の装いのベースをきちんと考えました。
肌を見せないシルエット、悲しみの黒色など
喪服や小物を身にまとうストーリーを知って。
相手を思いやるマナーを第一におきつつ、
自分の生き方に合った喪服スタイルを選びます。

Black Formal

advised by Isetan Mitsukoshi Ltd.／
shuo P56〜59

2

大人のたしなみとして一枚

通年着られるスタンダード喪服

01

そろそろ、大人の「きちんと喪服」を――。若い頃の喪服や間に合わせの黒服を更新すべきと感じたら、まずは通年着用できる「準喪服」の購入をおすすめします。肌の露出を控えたシルエットは正喪服（P・48）に準じますが、デザインはじつに豊富。よもや「喪服」と「おしゃれ」が両立すると思われていなかった方には朗報です。レースやリボン、シースルー、織り柄など、おしゃれ感のあるデザインも、華美でなければ許されています。

最近はストレッチの効いた着心地のいいものや、コーディネートのひと工夫で慶事にも使える秀才アイテムもあるのです。

礼服売り場に行くと、通気性のいい素材のアンサンブルが多く揃っています。ワンピースとジャケットが一対になったアンサンブルは、オールシーズン、ほとんどの弔事に着用できます。袖丈短めのワンピースなら夏は一枚で着ることも可能。今どきの喪服は、知るほどに賢く選べます。

NG

- **ボディコンシャス**なデザインやノースリーブは御法度。
- 素材はシルクか化繊を選ぶ。綿・麻は上質でもカジュアルなので不向き。
- 夏はレース、シフォンなど、冬はベロアやベルベットなど、季節感のある素材も可。
- 長く愛用する一着は、特に裏地が上質なものを選んで。
- 準喪服のセオリーはP・5参照。

ベーシックな着こなし

ワンピースに共布のジャケット、パールの一連ネックレス、黒バッグ、黒パンプスの5点が定番の装い。上質の喪服を選ぶとジャケットやワンピースをそれぞれ、会食や学校行事などにも活用できる。

ジャケット、ワンピース(ともにコイノブヒデ)／バッグ(プチソワール)

夏の着こなし

通気性のいい素材で、短い袖丈のワンピースを選ぶと、夏も着用可能。お天気に合わせ、ジャケットを脱いで体温調節しやすく重宝。

ワンピース(コイノブヒデ)

準喪服のスタイル

●着用シーン
一般的な葬儀、告別式、法要など。
喪主側・参列側のどちらでも、
ほとんどの弔事に着用できる。

どんなときも安心できる

弔いごとの正装スタイル

02

「正喪服」とは、いわゆる正式な喪服。「極力肌を隠し、たたずまいを律し、故人を悼む」ことが装いの核になります。

袖は、合掌したときに手首が隠れるよう普通のジャケットより長めになっていたり、スカート丈も、椅子に座ったときにひざが隠れる丈に。細部に至るまで「式にふさわしくふるまうための意味」があるのが正喪服なのです。わずかに出る足の肌も、黒ストッキングでカバーをします。

また、普通の服の黒と、喪の黒は、違う色味です。特に正喪服の黒は、上質な生地に何度も黒を染め重ねた漆黒。悲しみで潤んだ心を静かに包む、喪の深い黒です。

帽子（トーク帽）や手袋は、正喪服に必須ではありません。ですが身につけると、頭から手の爪まで、印象が落ち着きます。また喪家の立場なら、大切な人を亡くして憔悴した状態で美容室にも行けないなか、髪や顔色のカバーに役立ちます。

●**高めのアップスタイル**は華やぐので不向き。長い髪を結うときは低い位置で。

●シルクか化繊の黒。生地感が目立たない平織りが向いている。

●光沢のある素材、織り柄、透ける素材はNG。

●帽子を着用するなら、手袋と対で使うのが原則。

●正喪服のセオリーはP・5参照。

正喪服のスタイル

● 着用シーン
葬儀、告別式、
法要で喪主・近親者の装い。
参列側でも一般的なものから
格のある弔事までフル対応できる。

詰まった胸元

手首が隠れる長めの袖丈

ひざ下ミモレ丈

喪家側・参列側、どの立場でも恥ずかしくない正喪服のアンサンブル。ゆるやかでありながら、だらしなくならないシルエットが凛とした印象に。帽子は宗教に関係なく使えるが、場の様子に合わせて身につける。参列者として喪家より目立つようなら控えて。

ジャケット、ワンピース（ともにランバン）／帽子、手袋、オニキスのネックレス、クラッチ、パンプス（すべてプチソワール）

品性は「後ろ姿」に表れる

「黒」の色味とサイズ感に注意 03

通夜、葬儀、法要など悲しみごとのシーンで、思いのほか視線が集まるのが「後ろ姿」です。

たとえば、ご焼香や献花でお辞儀をした際に、ひざ丈ぎりぎりのスカートで体を屈めると、内ももがのぞいてしまったり、丈の短いジャケットがずりあがって腰から黒色以外のインナーが見えてしまったり。合掌すると、袖丈が短くて不自然なシワがよっていることもあります。周囲の方たちは気になったとしても、ことさら注意できないものです。だからこそ喪服選びは、サイズ感がとっても重要です。

喪服を買うとき、手持ちの喪服を久しぶりに着るときも、前もって後ろ姿や、横、立ち座りと、いろんな角度や動作で着姿をチェックして。できれば、第三者に見てもらうのが安心です。

後ろ姿で目立つといえば、「黒」の違い。きちんとした喪服の方の近くに、普段着の黒服で並ぶと、黒の色味の違いはくっきり。その黒の差は、そのまま社会性の表れのようにも感じられ、コワイものです。

NG

- スーツの**インナーも黒で統一**。派手な色柄はNG。
- スリム系のパンツは、お辞儀するとパンティラインが目立つので注意を。
- マーメイドラインのスカートもヒップが強調されるので後ろ姿を確認して。
- タイトスカートは座ると裾があがるので注意。

お辞儀・合掌のシーン

お辞儀と合掌をして、後ろ、横と着姿をシビアにチェック。手が長く袖から肌が出る場合は丈直しを。髪は顔にかからないように整えて。

ジャケット、ワンピース(ともにランバン)/パンプス(プチソワール)

着座のシーン

椅子に座った状態で、ひざ小僧が隠れるスカート丈。畳に長く座るシーンがあるなら、タイトスカートよりフレアーが動きやすく、パンツもゆったりしたシルエットがおすすめ。

ワンピース(ランバン)/パンプス(プチソワール)/数珠(シュオ)

喪服の所作とシルエット

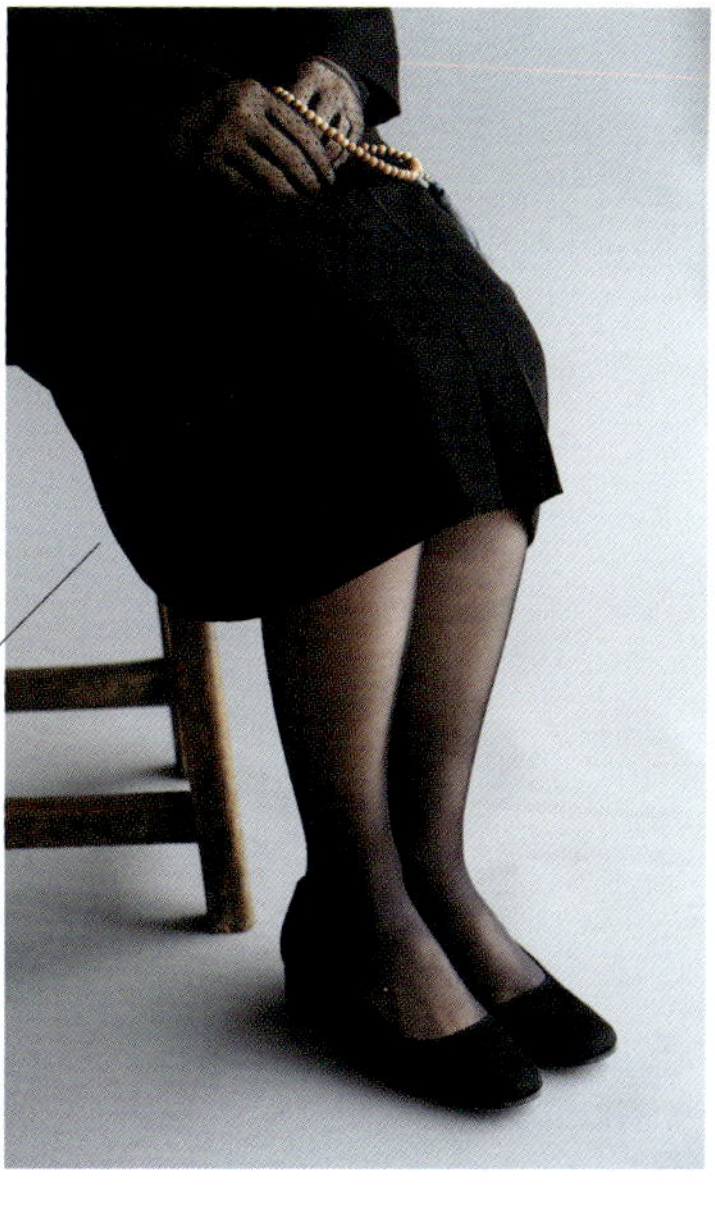

グレーや紺、パンツスタイルもＯＫ

黒に限らない、ゆるやかな略喪服

04

「略喪服」は言葉通り、略した装いですから、制約はゆるめです。急な弔いや三回忌以降の法事などに着用するもので、グレーや濃紺のワンピース・パンツスーツも「略喪服」として使えます。無地感覚の水玉、ストライプやチェックなどの柄も、地味めなら問題ありません。

とはいえ、光る装飾や露出度の高いデザインは不向き。袖なしのリトルブラックドレスは上着を重ね、衿ぐりの広いデザインは、胸元をスカーフなどで隠しましょう。

最近は〝しのぶ会〟や〝お別れ会〟など、様々な形の式があり、着ていくものに迷いがち。そういうときは、男性の装いが指標になります。男性が略喪服のダークスーツで集まるような会なら、女性も略喪服でかまいません。あるいは、きちんと喪服を装い、現場の様子でアクセサリーやショールをプラスして「くずす」手もあります。調和の心が大事です。

- 体のラインが分かるシルエット、金ボタンなど目立つ装飾があるものは避ける。
- ノースリーブや胸元の開きの広いデザイン、深いスリットのスカートはＮＧ。
- パンツはセンターにラインの入っていないものを。
- ファーや羽根などアニマル系は避ける。
- インナーはプレーンで地味色が好ましい。
- ストッキングは黒、肌色もＯＫ。

略喪服のスタイル

● 着用シーン
急な弔問・通夜。三回忌以降の法事や、
葬儀後に時間を置いて故人宅を訪ねるシーンなどに着用。

濃紺のパンツスーツ

仕事先から、悲しみごとの場へ立ち寄る場合などは「インナーを黒に替え、パールをつける」といったコーディネートで。

ジャケット、黒インナーシャツ、パンツ（すべてICB）／パールのネックレス（プチソワール）／数珠、袱紗（ともにシュオ）

グレーのワンピース

露出が少ないデザインで地味色を選ぶ。ホテル葬など、喪服っぽくないほうが場になじむときはコサージュなど小物の分量でフォーマル度を下げる調整を。

コサージュ（プチソワール）

お手伝いのときに役立つ

気働きのあるブラックアイテム 05

ブラックフォーマルの売り場に行ったら、服だけでなく「ブラック小物」も要チェックです。ヘアアクセサリー、サブバッグ、傘、ハンカチなど、ちょっとしたときに役立つアイテムが紹介されています。

立場や状況によっては、喪家のサポートをして、動きやすい喪服スタイルが望ましい日もあるでしょう。そうした「きちんと感＋動きやすい」ブラックアイテムといえば、プルオーバーの「ブラックシャツ」。たとえば裏方で働くときはシャツ一枚で、表で参列するときは、ジャケットを羽織ると、両方のシーンをカバーしてくれます。

気働きアイテムとしては、黒エプロンも需要があります。自宅で通夜や葬儀が行われる喪家では、お茶やお食事の用意などで人手が必要なことがあります。「お手伝いすることはありませんか？」と申し出る際に、黒エプロンを持参しておくと、相手方もお願いしやすくなるはずです。

● 喪服に持つハンカチは黒か白。色物は避ける。

● 黒シャツは化繊でシワがよりにくいものがベスト。

● 髪留めは金具や装飾品のついたものは不向き。

動きやすい喪スタイル

黒エプロン

裏方なので白エプロンでもNGではないが黒のほうが場の空気になじむ。夫の実家での嫁アイテムとして備えても。

シャツ（ソアールペルル）／エプロン（プチソワール）

黒シャツ+パンツ

シャツはプルオーバーでお腹まわりもカバー。体にはりつかないゆとりあるデザインが動きやすさのポイント。

シャツ（ソアールペルル）／パンツ（パティオウェア）

黒シュシュ

喪では髪はなるべくシンプルに小さくまとめるのが基本。シュシュのほか、カチューシャやバレッタの黒もあり、普段使いもしやすい。

髪留め（プチソワール）

数珠《じゅず》

数珠は「念珠《ねんじゅ》」ともいい、故人や仏様へ念を託す重要なアイテム。30代以上の大人世代になると、きちんとした数珠を持つのは身だしなみです。でも慌てて揃えてはおざなりな物選びに。大切な人を見送るシーンは不意に訪れるものですから、「自分らしい数珠」を平時に探しておきたいものです。

大人の数珠選びは、「礼をわきまえた、自分らしさ」をポイントにしてみてください。近年は、ここで紹介している『シュオ』のようなブランドから、マナーとおしゃれが両立した数珠を選ぶことも叶います。

初めての数珠なら宗派問わず使える略式数珠がおすすめです。天然石や貝殻などの素材、房の色合わせでも種類はかなり豊富。迷ってしまうときは、ジュエリーを選ぶように肌で感じる印象を大切にしてみましょう。そうすると、自分が心地よく感じるものを選べるはずです。

地域の風習がある場合もありますので、購入の前には、宗派や土地の決まりごとを親などに確認して。一度購入したら、長く大切に使うものです。「わたしらしい数珠」を、丁寧に見つけましょう。

OK

- 数珠は**房を下にして左手で持つ**のが基本。
- 水晶などのブレスレットを数珠の代用とするのはNG。
- 数珠は貸し借りしないほうがよい。夫婦や家族での兼用も避けて。
- 略式数珠は宗派関係なく、通夜、お葬式、お墓参り、法事などに幅広く使える。

白い天然石を使った数珠は、石と房の色合わせが上品で新鮮。礼をわきまえたうえで、おしゃれなシュオの数珠は、ジュエリーデザイナーが手がけているもの。縮緬の数珠入れ、袱紗などを、数珠の色に合わせると美しい。

ジェダイトの数珠、数珠入れ、袱紗（すべてシュオ）

ご焼香するときは右手で焼香、左手で数珠を持つ。合掌するときは両手を合わせて親指と人指し指の間に数珠の環を通す（または左手に数珠の環を通してから合掌）。所作の丁寧さが、故人を大事に想うことにつながる。

リバーストーンの数珠（シュオ）

数珠の素材と色

白檀や桜など木素材、水晶やオニキスなどの天然石ほか、数珠の素材は多種多様。房は梵天というボンボンのタイプもあり。一般に色に決まりはないので気に入った色を選んで。ただ東海や北陸の一部地域では色を限定する慣習もあり、購入前に土地の習しを調べておくと安心。

写真右上から時計まわりに:ウッドビーズの数珠、オリーブジェイドの数珠、白檀の数珠、翡翠の数珠(すべてシュオ)

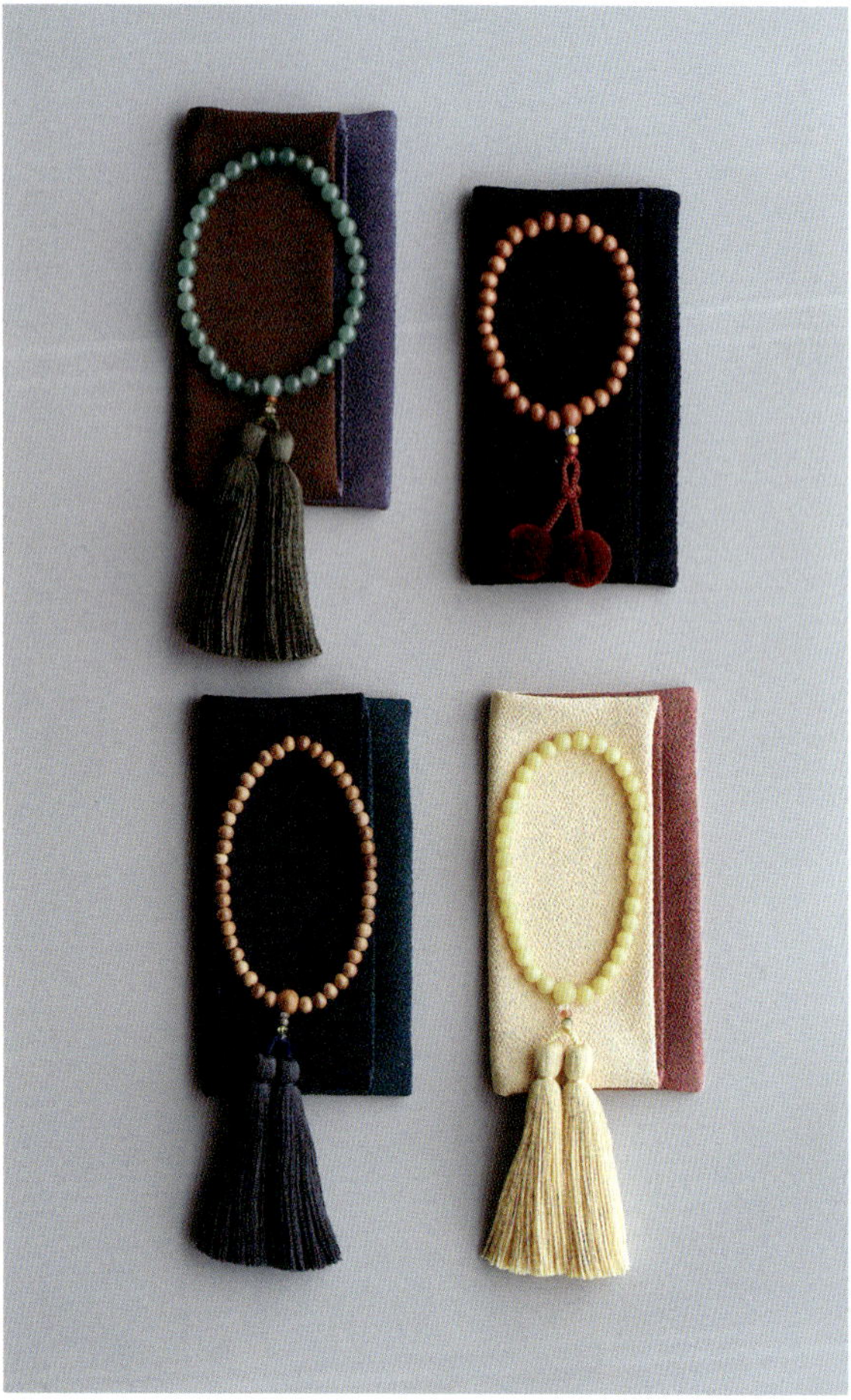

肌感覚で選ぶ

数珠は手に持って実際にさわって選ぶ。軽いもの、重いもの、肌にひんやりとするものがあり、心地よい質感を大切にするとよい。写真左は男性用で、女性用よりも珠のサイズや長さが大きな仕立て。最近は持ち重りがしてシックな男性用を好む女性もいるそう。

オニキスの数珠(シュオ)

1
数珠入れに保管

机の上、椅子の座面や床などにじか置きしない。
バックの中でぐちゃぐちゃにならないように、
必ず数珠入れに収めて持ち歩くこと。数珠の紐が緩んだり
切れたりしたら、購入先の店や数珠専門店に相談を。
古くなった数珠を処分する場合は
おつきあいのあるお寺にお願いするのがいい。

2
身内にプレゼント

大人として持っておきたい小物のひとつであり、
入学卒業、成人、結婚など
人生の節目に子どもや孫へプレゼントする方も。
数珠はお守りや厄除的な意味合いもあり、
夫婦で贈り合うのもよい。

3
房がヨレたら整えて

房がヨレたら上から3分の2くらいのところから、櫛でとかす。
無理に引っ張ると糸が傷むので、やさしくとかして。
ぼさぼさがひどい場合は、
湯気をあてて、まっすぐにする。

4
弔事以外にも使える

弔事のイメージがあるが、仏式の慶事などにも用いられる。
関西では数珠がぐんと身近な法具で、
散歩のついでのお寺の参拝などでも数珠を
持参する人も多いそう。慶事用に明るい色、
弔事用にシックな色と使い分ける方も。

少数精鋭で「使える」ものを吟味

喪のバッグ&シューズの押さえどころ

06

喪服に持つバッグは、「小さめの黒」が基本。それなら、手持ちのおしゃれな黒革のバッグを使いまわしたいと思われる方もいるでしょうが、小ぶりな布製のバッグを手にするのがフォーマルのマナーです。

喪用のバッグを新たに求めるなら、お値段的にも手を出しやすい、布製ハンドバッグを。サイズは小さめ。といっても、香典、数珠、ハンカチ、お財布、携帯電話くらいの持ち物が入るサイズだと安心です。

シューズは光沢のない黒の布製、黒のカーフ・スエード製のパンプスが基本です。気持ちをこめて故人をお見送りするためには、靴にストレスがあってはいけません。「シンプル+快適」を意識しましょう。

堅牢な質の良いものを選ぶと、シックに装う日の頼りになります。

●正喪服は**目立つ留め具・装飾**のない黒バッグ・黒パンプス。

●ラメやビジューの**光る装飾**はNG。

●ハンドバッグが基本で、ショルダーバッグは略喪服ならOK。

●オープントゥのサンダルやウェッジソールなどカジュアルなデザインはNG。

●ピンヒールのパンプスなどコツコツと音が響くタイプは場のノイズになるので控えて。

黒バッグ&
黒シューズ

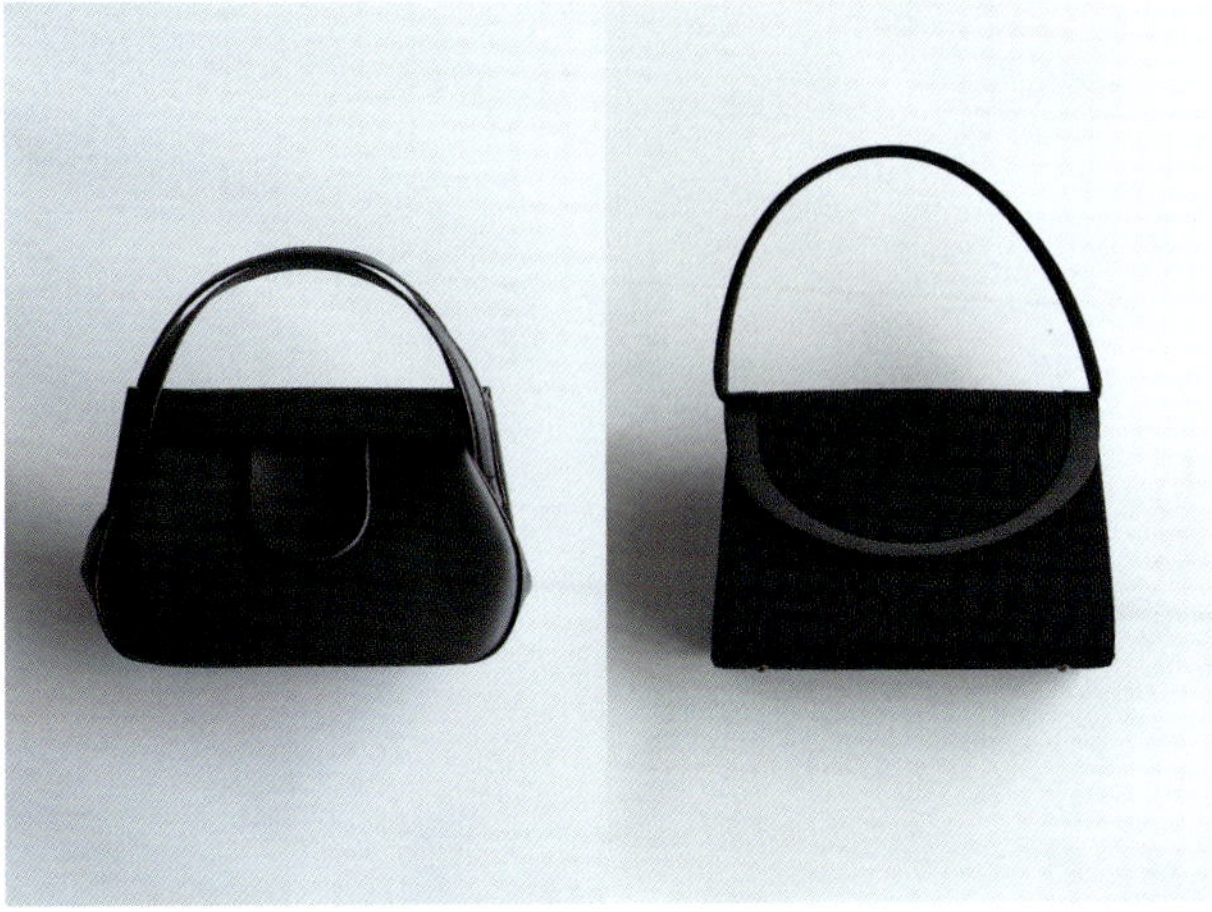

プレーンなハンドバッグ

中:どんな喪のシーンにも合う定番の布製ハンドバッグ。持ち手が短めのタイプを選ぶと着物にも合わせやすい。左:準・略喪服に使えるこのタイプはトレンド感もあり、お仕事バッグと兼用もできる。一般ブランドで探す場合のポイントは、金具が見えない造りであること。

中:布バッグ(プチソワール)、左:ボックス型のバッグ(ヒロコハヤシ)

サブバッグ

荷物がかさばる場合はサブバッグに分けて持つと弔事の場でスマートにふるまえる。マチのある光沢のない黒布のトートバッグを選ぶ。

トートバッグ(プチソワール)

プレーンなパンプス

右:布製の黒パンプスは、正喪服〜普段着までオールマイティ。左:リボンつき革製パンプスは、良質でスタンダードなデザインを選ぶ。かわいらしさのなかにも落ち着きがあり、学校行事や仕事など広く使える。

右:パンプス(プチソワール)、左:パンプス(ミハマ)

寒い日、雨の日の弔事に

お天気に合わせた喪の装い

07

その日の天候や、徒歩や電車の移動といった事情を加味して装うのは、喪の場面でも大事なこと。

寒い日の防寒コートは、ダウンやウール、カシミアなど暖かい素材で、光沢感のないマットな黒がベターです。

ゆったりシルエットでアームにゆとりがあるものが、脱ぎ着がラク。今どきのファッションコートはアームの幅が狭いものが多く、喪服の上に羽織ると窮屈なことがあります。下のスカートの裾が中途半端に出ていると、ちぐはぐ感があるので丈にも注意。ブラックフォーマル売り場には左ページで紹介する防寒、防雨アイテムが揃っていますし、いつものブランドで求める場合は、喪服を持参して試着すると間違いがありません。

それからよく疑問にあがるのが、冬場のタイツ。「北国はもちろん、寒さの厳しい日には、黒タイツも可」というのが主流になっています。

近年は異常気象が頻発していますから、お天気によっては身を守ることを優先して。その上で、できるかぎり弔事になじむ色や素材を心がけましょう。

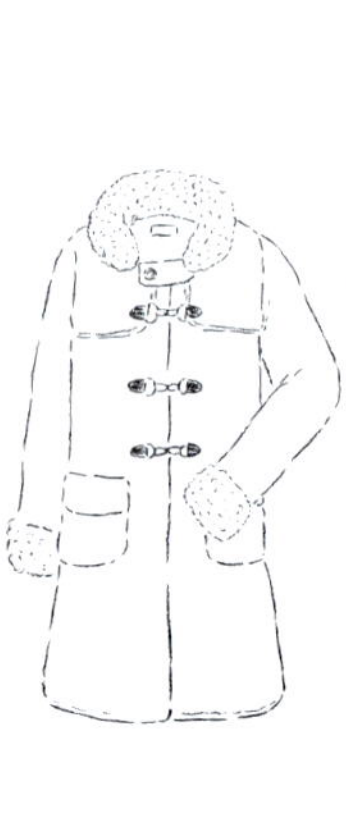

NG

- ミンクなどの毛皮のコートは御法度。**衿元や袖口にファー**がついたものも不向き。
- コートのボタンなどに光る留め具は不向き。
- 寒冷地において冬場の喪のタイツは60～80デニールが基準。
- 雨雪の日は、長靴やブーツで移動して現場で履き替える手段も。

防寒＆
防雨のスタイル

ショール

少しだけ肌寒いときに使い勝手のいい黒ショール。フリンジつきのポンチョ風のデザインは、普段使いでもおしゃれ。

ワンピース（コイノブヒデ）／ショール、ジェットのネックレス（ともにプチソワール）

コート

「素材は上等、アームゆったり」がコート選びの合言葉。ブラックフォーマル売り場の黒コートは長く使える定番デザインが揃っている。

コート（ソワールペルル）

レインコート

重宝するのは折り畳んでバッグに入る、薄手の黒レインコート。黒以外を着る場合、柄物は避け、シックな色味を選んで。

レインコート（プチソワール）

ブラックフォーマルのQ＆A

喪服の購入時期、試着のすすめから、法要や子どもの喪服、染め髪やネイルのカバーなど。迷いがちなことをご相談。

相談窓口●日本橋三越本店　ブラックフォーマル

Q1 喪服購入のタイミングは？

不意の悲しみごとに備え、ちゃんとした喪服を持っていることは社会人としてのマナーでもあります。

20代の頃の喪服はサイズが合わなかったり、布地の黒があせてきたりもしますので、衣替えのついでに確認してみてください。

10年は着るものですから、平時に時間をとってしっかり選ばれることをおすすめします。10分15分で慌てて探しては、納得のいく一枚は見つかりづらいもの。大切な方々を見送るための式服だからこそ、ご自分らしい装いを選んでいただきたいです。

Q2 似合う喪服はどう選ぶ？

自分に合った喪服選びの近道は、とにかく試着してみることです。

最近はデザインのバリエーションが増えていて、たとえばジャケットでは、ノーカラーやフリル、ショート丈やロング丈など様々。特に衿のデザインで、お顔の印象が変わります。体型的にフィットしないこともありますから、必ず袖を通してみることです。

また喪服は後ろ姿も大事（P・50）ですから、売り場でご相談していただき、客観的なプロの視点をぜひご活用を。心にも体にも心地よくなじむ一着を選んでいただきたいです。

デパートの礼服売り場では通年アイテムが揃っていますが、新作が出てくる秋は特にデザインが充実しています。涼しくなって試着もラクになり、選びやすい時期です。

Q3 お通夜は お葬式と同じ喪服でもいい？

最近は交通網や連絡手段の発達で、お通夜までの日程に余裕があって準備できるため、通夜での喪服着用は普通です。また通夜と告別式のどちらかだけ参列される場合も、喪服を選ばれる方が増えました。

通夜の服装では、尊重すべきは故人と最後のお別れをされたいという心情であり、喪服でも平服でもよいとされています。

仕事帰りの通夜の場合は、黒やグレーのスーツに明るいインナーやアクセサリーなどをつけて出勤し、通夜に行く前にアクセサリーを外し、インナーを黒っぽいものに替えるという手もあります。

Q4 子どもには何を着せればいい？

制服があれば制服を。ない場合は、濃紺や茶、黒、白などの地味な色味であればシャツとズボン、セーター、ワンピースなどでもかまいません。靴や靴下が明るい色やキャラクターものなど派手にならないように気をつけましょう。

Q5 「平服」指定のときに気をつけることは？ 法要などは喪服でないほうがいい？

「平服」でも喪家側は準喪服のことが多く、参列側も喪服にしておいたほうが安心です。フォーマルな場面で、格上げは相手に失礼になりません。ただ、お別れの会や法要などでは事前に確認しておきましょう。喪家側が平服である場合は、参列側が喪服を着るとバランスが悪くなるので、地味なダークスーツなどで。

Q6 ヘアーやネイルにもタブーがある？

明るくカラーリングした髪が気になるときは、素早く黒髪にしてくれる黒染めスプレーを使われてもよいでしょう。

また、ネイルはきれいに塗ったばかりでも、遺族のお気持ちを考えるとできる限り落とすようにしたいものです。急で落とせないジェルネイルの場合は、上からマットなベージュのネイルを塗ってカバーすることもできます。黒い手袋でカバーされる方もいらっしゃいます。

「自分らしさ」の前に命を見送る式服として

喪服のアンケートで数多くいただいたのが、「やぼったい喪服はほしくないから、普通の黒い服で許される範囲を知りたい」といったもの。物を持たないことが良しとされている昨今、好みのファッションと違う、着る機会が少ない服を持っていたくはないのですね。

ところが取材をしてみると、最近の喪服は思った以上にデザインのバリエーションがあり、モード寄りのものやファンシーなニュアンスのものも多かったのは驚きました。

本文でお伝えした通り、喪服のシルエットや喪の黒に込められた意味を知ると、自分のおしゃれを主張して云々する衣服というより、その人の社会性のベースになるアイテムとも思えてきました。

「正礼装は、カッコイイんですよ」

普通の黒い服ではダメなんですか？　と喪服のご担当者に聞き募るなかで、返されたこの言葉を何度も思い出します。なるほど「正しい型」は美しいものです。そして、カッコイイのは、「正しい型」を身につけて、式に向き合う態度のことかもしれません。どんな気持ちで装うかが大事で、人それぞれに、「素敵な」式服があるのでしょう。

また、式服は、故人との関係性で変わってきます。

マナーを知り尽くした喪主の奥様が、亡くなったご主人のお葬式で、ご主人が買ってくれた毛皮を羽織って見送るといったお話も伺いました。毛皮は喪の場では御法度ですが、故人との深い愛情で結ばれたストーリーはルール外のこと。

それも基本がちゃんとしていれば、安心して崩せるもの。いざそのときに悔いないように、クローゼットの喪服は「大人のお守り」のような存在とも思えます。

着まわしフォーマル

「使える服」とはリアルに着まわせる服です。
おしゃれの自由度が高い略礼装シーンでは
入学式のスーツや喪服のアンサンブルに日常着、
クローゼットの服をすべてスタメンと捉えて。
コーディネートの軸、頼れるブラウス、華やぐ小物など。
着まわし力でフォーマルアップする工夫を考えました。

Mix and Match Formal

advised by Isetan Mitsukoshi Ltd.

3

手持ちのハレ着を活かす

「軸の服」を決めて着まわす

01

フォーマルのおしゃれでよく耳にする悩みは、「たまにしか使えない服だからもったいない」。そこには「特別な行事だけでなく、ちょっとしたハレの場にも着まわす術を知りたい」という願いが含まれています。

セットアップのものを別々に取り入れたり、手持ちの服との組み合わせを工夫するのが着まわしの近道なのですが、ひとつ間違えるとちぐはぐな印象になってしまう危険もあります。

上手に着まわすコツは、コーディネートの「軸となる服」を決めること。その日の空間や会う人など、TPOをしっかり思い描き、ジャケット軸、ワンピース軸と、土台になる「軸の服」を絞り込みます。次に、まわりにどう印象づけたいかを考えましょう。昼なら「清楚でやや甘めに」、夜なら「上品にツヤっぽく」など、なりたいイメージを定めた上で、軸の服に、靴や小物を足すのです。

「軸の服」を定めて、昼・夜のコーディネートを考えていくことで、着まわしがぐっと効率的になります。

●殺生をイメージさせるアニマル柄やファー素材はNG。
●タイツ、ソックスはNG。
●黒づくめのコーディネートはNG。

ブラックフォーマルのアンサンブル
を着まわし

黒い略喪服のアンサンブルは単品それぞれを軸に。
仕立ての良さと上品シルエットを活かし、きれいめに着まわして。

〈 昼 〉

黒ワンピース×白コサージュ

漆黒になじむ生成り色のコサージュでクラシカルに。アクセサリーはパール以外がベター。宝石系ジュエリーをつけるだけで"喪の風味"は消滅。小物で顔まわりをぐっと明るく。着用シーンは、学校行事や発表会など。

ワンピース(コイノブヒデ)

〈 夜 〉

黒ジャケット×黒パンツ

左のワンピースのセットアップジャケットに白のブラウスを合わせたコーデ。黒と白のはっきりとした配色は、ドレスアップ感が出やすい。小バッグのピンクを挿し色にして。着用シーンは、夜の女子会など。

ジャケット(コイノブヒデ)

衿つき
テーラードジャケット
を着まわし

通年使える素材感とシェイプしすぎない型がカギ。シャープな黒、信頼感のある紺といった色のイメージを考慮して。

〈 昼 〉

衿つきジャケット×ふわスカート

辛めのジャケットに、チュールのフレアースカートを合わせ、大人かわいいスタイルに。全身2色に絞って、インナーのラメや胸元のブローチなどで控えめに個性を出す。着用シーンは、昼の会食など。

ブローチ（プチソワール）

〈 夜 〉

衿つきジャケット×柄ワンピース

ジャケットのインに赤い柄ワンピースの華やぎコーデ。一枚で着ると大胆な柄物も、黒ジャケを重ねると、ぐっとエレガントに。顔まわりに大コサージュでボリュームを出し、メリハリのあるバランスに。着用シーンは、夜の観劇など。

バッグ(六本木)

衿なし
ツイードジャケット
を着まわし

入卒式など式服の定番、ノーカラーのツイード(P.25)。光沢感のある生地は、ドレスでもデニムでもどんなアイテムと組んでも女性らしさが香る。

〈 昼 〉

衿なしジャケット×ワイドパンツ

シックなツイードのインは、透け感のある白ブラウスでクリーンな大人の愛らしさを演出。堅い印象になりがちなツイードに、やわらかな動きが加わるとろみボトムも有効。着用シーンはランチパーティーなど。

ジャケット(ジェニーソワール)

〈 夜 〉

衿なしジャケット×黒インナー×ロングスカート

短め丈のツイードはボレロ風にも使える。上着を脱いだら黒のセットアップというパーティーコーデ。肌見せと小バッグで上品リッチな装いに。着用シーンは夜のホテルパーティーなど。

ジャケット（ジェニーソワール）／パンプス（プチソワール）／バッグ（六本木）

衿つきワンピースで略礼装

クラシカルなデザインのワンピースなら
適度にコンサバで好感度が高い。
シワになりにくい素材感、
ほどよいゆとりシルエットもポイントに。

〈昼〉

衿つきワンピース×コサージュ

シンプルなワンピースにコサージュとアクセサリーの重ねづけ。靴とバッグの光沢が「きちんとした華やかさ」を印象づける。着用シーンは、昼の仕事関係の会食など。

衿なしワンピースで略礼装

夜に華やかなシーンがある日は、
一枚で即効性のある着映えワンピースを軸に。
胸元にボリュームのある
アクセサリーを使い、上品な肌見せに。

〈夜〉

衿なしワンピース×大ぶりネックレス

胸元と手元につける大ぶりアクセサリーは華美になりすぎないように肌なじみのいい質感がポイント。かわいらしいプリーツやリボンも全体を白×黒でまとめることでクールに。着用シーンは、夜の祝賀パーティーなど。

コサージュ＆ブローチ

Corsage & Brooch

シンプル服をフォーマルアップする常套手段が、コサージュやブローチをつけること。衿元につけるだけで手持ちの服が見違えます。おしゃれの幅がぐんと広がり、ワードローブのやりくりの面でもありがたいもの。

着まわし重視でコサージュを選ぶなら、素材感がカギ。光沢の強いコサージュは服を限定しがちなので、マットな素材が重宝です。大ぶりコサージュでも色数が少なく平面的な造作なら、上品な装いにマッチします。

配色も重要。「服と同色系でなじませる」「靴やバッグと揃える」など関連づけて、小物だけが浮かないように選ぶと調和します。

仕事着をシックにフォーマルアップしたいときは、動物をモチーフにした少し個性のあるブローチが良い働きをします。また、愛嬌のあるキャラものブローチなら、その場の会話にもつながる楽しさがあります。

顔まわりにアクセント小物があることで、表情をパッと明るく華やかに見せてくれるのが嬉しいものです。

● **コサージュをつける位置**は、右か左の胸から鎖骨にかけての位置が基本。

● 右か左かは洋服のデザインによって収まりがいいほうを選んで。

● 大きめのものは胸元より高め、上を向くようにつけると軽やかなイメージ。胸下にコサージュをつけると重みで下向きに。

● ドクロなど慶事にふさわしくないモチーフは避ける。

やさしい印象を添える淡色系

ふわっと女らしい雰囲気を醸してくれる白、ベージュ。黒や紺の服に淡い色のものをつけて、やさしいアクセントにしても。

華やかな印象を添える濃色系

服やバッグ、靴など装いのどこかと色味を合わせると落ち着いた華やぎになる。濃い服にはグラデーションで配色すると、着こなしに奥行きが出る。

ボレロやショールの留め具に

ボレロの前開きを、コサージュで留めたり、ショール留めに使ってもよい。

物語のあるモチーフで

シックなジャケットに印象的なブローチで大人の愛らしさを演出。動物モチーフはコミュニケーションツールになる魅力も。

服と同系色でなじませる

服やアクセサリーの色と同系色のコサージュにすると、全体に調和して、エレガントな印象がアップ。

ネックレスと連動して

クラシカルなネックレスと服色に合うコサージュの2点で、おめかし度を補強。

1

全身バランスを見てつける

コサージュもブローチも鏡を見ないで
雑につけると雑な着こなしに。全身鏡でバランスを見て、
自分のベストポジションを探って。

2

生花コサージュという選択

最近は生花のコサージュを取り入れる方も。
造花とはひと味違う存在感で、特別な日がより
思い出深くなる。自作してもいいし、
好みの合う花屋さんでコサージュの
オーダーを相談してみて。

3

手入れして保管

使ったコサージュはしまう前にホコリをハケや筆で落としておく。
型くずれや傷つきが心配なものは、
ティッシュペーパーでガードして箱に入れる。
ブローチはやわらかい布で汚れをふきとってからしまう。
布などを敷き、平らに寝かせて箱にしまっておく。

4

ちょこっとリメイクして

和装に合いそうなブローチは、
ブローチの裏のピンのついた面に、
帯留め用の市販留め具を
つけ足すと、和洋共用できる小物になる。
またコサージュの雰囲気を変えたいときは
布ボンドでリボンをつけてみても。

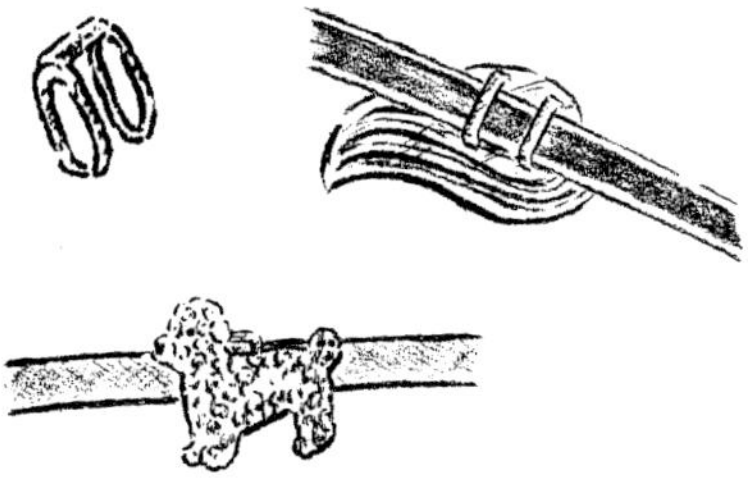

とろみ質感でプチフォーマルに

「美人ブラウス」を味方にして

02

「美人ブラウス」とは、シルクや化繊素材の上品ブラウスのこと。ほのかなツヤや、とろみのある質感など「大人きれい」のムードをもたらす素材感については、1章でもお伝えした通り（P・18）。上質のリネンやコットンのブラウスは日常のおしゃれには素敵ですが、およばれにはカジュアルすぎて、場に空気にそぐわないことがあります。

美人ブラウスなら、デイリーからフォーマルまで、シーンをまたぐ着まわしで、最強のサポーターになってくれます。

たとえば左ページの写真のブラウスであれば、仕事場のきちんとコーデから、よそゆきのドレッシーコーデまで、両極端なシーンでも「任せて！」とばかりにフォローをしてくれるのです。

フォーマル用のジャケットやボトムスはベーシックデザインが多いぶん、美人ブラウスがおしゃれの鮮度を補う役も。最近は、プチプラブランドにも上品ベーシックなデザインが充実。色と長さをポイントに、タイプ違いで揃えておくと、ドレスアップの着まわしバリエーションが増えます。

NG

● **リネンやコットン**はカジュアル素材なのでフォーマルには不向き。

● ゆるふわのデザインは**ビッグシルエット**すぎると、だらしなく見えがちなので注意。

● ぺらぺらすぎる生地や仕立ての貧相なものは避けて。

着まわし
美人ブラウスのセレクト

ツヤ感、上品な風合い、
体にはりつかないシルエットを
ポイントに選んで。

フォーマルアップしやすい色・丈

黒・紺・白・ベージュなどベーシックカラーで揃えておいて損はなし。さらにエレガント系を狙う一枚なら肌色が明るく見えるピンクやイエローのキレイ色アイテムを。羽織りものにもなる前開きタイプのロング丈は、体型を上手にカバーしてくれる。

鮮やか色ブラウス×
黒タイトスカート

ピンクのトップスに黒のボトムを合わせる正統派コーデ。ジャケットを着用すれば仕事着として、脱ぐとリッチ感たっぷり。パーティーシーンにきらめくブローチやバッグは小さめが上品な印象に。

ロングブラウス×黒セットアップ

黒のセットアップに化繊のロングブラウスを羽織った重ね着スタイル。「ラクで、でもちゃんときれい」な美シルエットに、コサージュを添えて。

つけ衿、ショール、チョーカー

「顔まわり」の華やぎ小物

03

シンプル服を軸に、小物でムードを出す——おしゃれ賢者に礼服の着まわしを取材すると、そんな共通項が浮かんできました。

とりわけ印象に大きく影響するのが、デコルテまわりをきれいに魅せる小物使い。つけ衿やショール、ネックレスやチョーカーを1点足すだけで、ガラリと印象が華やかになるのは驚くほどです。

定番の服に「甘さ」「新しさ」が欲しくなったときも、「胸元や首にアクセント小物をプラスする」作戦は、かなりよく効きます。

それに服の衿の形や全身のバランスでどう加えるか、ひとつひとつ考えて工夫すると、おしゃれの腕もあがりそうに思えます。

こうしたアクセント小物は、旬度も大事。そのときどきの自分の立場、体型や好みを見直して、「ちょうどいい」小物を更新するのも楽しいもの。「安いから」だけの購入は禁止ですが、味つけ小物としてお手頃価格のブランドからここ3年のフォーマルシーンの活躍を見据えて選ぶのも一案です。

●ファーのつけ衿、革のアクセサリーなどはNG。

●リネン、コットンは上質素材のショールでもフォーマルには不向き。

つけ衿のスタイル

シンプルなノーカラーの
トップスに重ねるだけで、
一瞬でキレイめにイメチェン。

つけ衿×黒ブラウス

パールの装飾が愛らしい衿をつけると、ノーカラーのブラウスが、ハッとするほどフェミニンにイメージチェンジ。とろみ素材の服に合わせるとフォーマル感がアップするが、ニットなどカジュアル素材にもマッチする。

つけ衿（ラネイ）

大判ショールのスタイル

華やかな柄やレースなど、一枚でサマになるショールは羽織りものの代わりに。

プリントショール×
無地ワンピース

美しいバラ柄のショールは、さっと肩にかけるだけでドラマティック。大判の正方形サイズがカーディガンのようにまとえるので便利。

ワンピース（ジェニーソワール）

レースストール×
無地ワンピース

シックな黒服の上に、レースの細長ストールを羽織ると、たちまちエレガントな装いに。肌の透け感が品よく女らしさを引き立てる。

ワンピース（ジェニーソワール）

チョーカーのスタイル

「少しだけ特別」なシーンに。
大げさすぎず、繊細なおしゃれ感を味つけ。

ジュエリーのチョーカー×無地ワンピース

ドレスと同色の黒いチョーカーはジュエリーのきらめきで、さりげなく女らしさを演出。ネックラインが細見えする効果も。

ワンピース(ジェニーソワール)

バラのチョーカー×無地ワンピース

リボンつきのコサージュをチョーカーに使いまわして。シンプルな服ゆえに花が映え、可憐なイメージに導く。少し横にふって結んだり、つけ方の工夫も楽しい。

ワンピース(ジェニーソワール)

着まわしフォーマルのQ&A

ときにはプロのスタイリングで、効率よくおしゃれの幅を広げる相談を。日本橋三越本店でカウンセリングを実体験。

相談窓口●日本橋三越本店のパーソナルショッピングデスク レディス

Q1 素敵な着こなしをするには?

当パーソナルショッピングデスクで行っているのは個人の方に着こなしのご提案をして、お買い物のお手伝いをするというものです。

初めてのお客さまには、体型・サイズ、必要なアイテムと着用シーンなどを事前に伺います。

コーディネートに迷われる方の場合、「なりたいイメージ」が固まっていないことが多いのでヒアリングを通じてテーマを引き出します。

Q2 似合う服を見つけるには?

ご自分のパーソナルカラーを知ることです。こちらのカウンセリングでも、服選びに入る前に、専門のスタッフがカラータイプの診断をします。

色は「春=ディライト、夏=ソフィスティケイト、秋=ハーベスト、冬=パーマネント」と4つのグループに分けられます。顔の近くにカラードレープを一枚一枚あてがい、どの色がマッチするか、顔映りを見て診断していきます。

似合わない色だと、顔が寂しく、肌色もくすみます。似合う色が近づくと、顔の表情に元気が出て、肌もつやっときれいに――。この「似合う色」がパーソナルカラ

Q3 パーソナルカラーは年齢で変わる?

パーソナルカラーの診断は、生まれながらの肌や髪、瞳の色をもとに、ご自身に映える色のグループを見つける作業になります。髪をカラーリングしたり、肌色も若い頃と変わってきますが、似合うカラーグループは、基本的には変わらないとされています。

パーソナルカラーを知ることで、年齢を重ねてもご自身に合った装いやコスメを選べます。きれい色にチャレンジする際などは、まず自分のカラーグループから選ぶのがおしゃれの近道になります。

たとえば、お子さんの学校行事の服であれば、「エレガント」「やさしさ」「知的なママ」など、その方の希望するイメージと用途を伺ってはじめて、ベストなバランスの装いをご提案ができます。

〈1〉用途によって必要なアイテム

〈2〉なりたいイメージ

まずこの2点を、お買い物前にチェックされると、服選びがうんとラクになるはずです。

ーである「自分の色」になります。特に顔に近いトップスは、「自分の色」を上手に取り入れると、全体のおしゃれがレベルアップするはずです。

Q4 手持ち服を活かす買い物をするには?

毎日のおしゃれは、着まわしの連続。フォーマルシーンも例外ではありません。こちらでもお客さまのワードローブを活用するコーディネートをご提案することもあります。

たとえば、お手持ちのジャケットをご持参いただいて、「普段はカジュアルに着ているから、フォーマルになると、どうコーディネートしたらいいかわからない」とご相談いただくことも。

着まわしアイテムを買い足す場合は、こういう目的で着たい、テイストを変えたいなど、アプローチを明確にして選ぶことがひとつのコツともいえます。

そして、ぜひ普段は手にとることのないブランドも広くご検討いただきたいのです。モード系がお好みの方にコンサバなブランドをご案内すると、意外と手持ちの服との相性が良かったり、新鮮な組み合わせの発見があります。

リアルなコーディネートが見えると、ワードローブの足りないものが見えてきます。

Q5 年齢があがると装いも保守的に。おしゃれの幅を広げるには?

「普段の自分が選ばないようなデザインで新鮮」「買ったことのないブランドの服も着てみると印象が違っていた」――パーソナルカウンセリング体験後に「新しいおしゃれの発見」を評価していただくことも多くあります。

大人世代の方では、ご自身らしいスタイルを持っていらっしゃるがゆえにマンネリに悩まれる声も伺います。

ファッションカウンセリングで客観的な視点を得るのは、脱マンネリにとても有効です。

また、雑誌などで、いいなと思われたスタイルを写真に撮って情報収集するのもおすすめです。「こういうのが着てみたいの」とイメージを膨らませてお買い物に行かれると、店頭でのアドバイスもスムーズです。

「ちょっとした」場の緊張度に合った装いを

ちょっとしたパーティー、ちょっとしたお披露目会、ちょっとした女子会……。日常の近くにある「ちょっとした」慶事シーンの略礼装は、そのおしゃれのさじ加減に迷うところです。

取材を通して教わった礼装のコツは、その雰囲気を「緊張度」でとらえて判断すること。

たとえば、街着が緊張度10なら、しゃれた空間のレストランランチは緊張度50に。一流ホテルで、初対面の方も含む夜のビジネス会食の場合は緊張度は80になるでしょう。

緊張度の見極めには、まわりがどんな装いをするか、事前リサーチがとても有効です。

これは、わたし自身の失敗例ですが、お気に入りのリネンのロングワンピースを着て、100人ほどが集まる本のトークショーに出席したときのこと。壇上に同席したみなさんは、ツヤのある素材のワンピースやスーツなどのエレガントな装いで、リネン服の自分だけが浮いて感じ、なんとも恥ずかしかった。客席で見ていた友人いわく、「1人だけナチュラルにこだわっている人」という印象だったとも（苦笑）。

リサーチ不足に加え、どんなに上質でもリネンでは華が足りないことも学びました。

おめかし服がシンプルすぎて不安なときは、ヘアーやネイルでフォーマルアップする手もあります。髪を美容室でブローしてもらって華やかさをだし、ネイルをすれば、おしゃれが行き届いたエレガントな人に。「ちょっとした」お招ばれの日に即効力ありです。

こうしたプチ美容は、大人の身だしなみですし、日々のおしゃれを前向きに楽しむ気持ちをキープしてくれます。

きものフォーマル

大人になるほど心豊かにおしゃれを楽しめる、
それがわたしたちの国の民族衣装、着物です。
着るだけで日本女性らしい凛とした
品を醸して「ここぞという日」の強い味方になってくれます。
伝統と今らしいおしゃれ感覚を組み合わせた
クラス感のある和のフォーマルを考えました。

Kimono Formal

adviced by oteshio

4

フォーマルシーンに

着物が選ばれてきた理由 01

普段のおしゃれは洋装、よそゆきは和装で――。そんな役割分担で、新たに着物にトライする大人世代が増えてきました。じわじわ体型が変わり、今まで着ていた洋服が合わなく感じるおしゃれ過渡期。着物はその悩みをカバーし、おめかしテンションをあげてもくれる、じつに心強いアイテムなのです。

第一に、体にやさしい衣服であること。着物は設計上、ウエストが3cm増えても問題なく、体型を上手にカバーしてくれます。シルク地の光沢感が、くすんできた肌ツヤを補ってもくれるのです。

また着物の強みは、デザインも型も不変であること。流行のある洋服はいくら定番型であっても、20年も経るとさすがに古くさく感じるもの。ですが着物の場合、30代で手に入れた着物を、60代で着ることもざら。人生の折々で支えてくれるのです。

強い印象を与えつつも、まわりに失礼になることがない着物。「お着物いいですね」と、目上の方々が喜んでくださることも、洋服ではそうないものです。

●着物始めは、信頼のおける身近な人やお店の方など良き助言者がいるとスタートがスムーズ。

●着物を新調する前に、まず実家の箪笥を確認して。

●着物や帯は借り物でも、肌着と足袋は自前で用意を。できれば長襦袢も自分サイズがベター(P・106)。

●衿と足袋は白が基本。フォーマルに色足袋はNG。

●フォーマル着物の区分は、正礼装、準礼装、略礼装。セオリーはP・5参照。

準礼装の着物スタイル

菊唐草の江戸小紋+遠州緞子の袋帯

写真上:遠目には無地に見える濃紅色の江戸小紋に、銀や赤が華やかな袋帯の凛とした着こなし。着物の色柄は抑えめに、それに比べて帯は、柄も大きく華やかにメリハリをつけた地味派手コーディネートで上品に。
左:フォーマル度を高く装うなら、名古屋帯の一重太鼓よりも、格の高い袋帯の二重太鼓結びが基本。とくに結婚式などお祝いの席には「喜びが二重になる」という意もあり。

TPOを絞って賢く選ぶ

染めのフォーマル着物

02

着物の種類は大きく「染め」「織り」があり、織りの着物と染めの着物は、肌触りが違います。フォーマルには染めの着物が基本です。華やかなのはもちろん、とろんと肌に添う着心地によそゆき感があって、自然とおしとやかになれる作用があるのです。

長く着られる質のいい染めの着物は、そう安価ではありません。ですから、どんなものを選ぶかの前に、「どういう場に着ていくか」をしっかり考えて絞り込むことがとても重要です。

季節によりTPOにより、着物には決めごとがあって、ときに堅苦しく思われがちですが、もともと生活から生まれた習わし。上手に取り入れれば、賢い着物選びができます。

たとえば、冠婚葬祭で重宝するのが左ページのようなシックな「色無地」「江戸小紋」。色味と柄をおさえた一枚を選んでおけば、慶弔ともに活用できるのです。

着物は数より質。着物ビギナーの頃は、数がほしくなって、一気に揃えようとしがちですが、慌てないこと。「あったら便利」くらいの着物は、「なくてもいい着物」と心得えましょう。

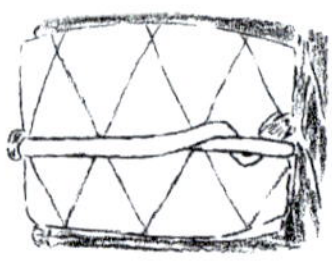

慶事は房を上向き

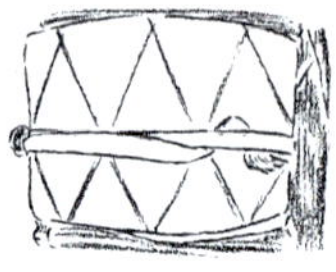

弔事は房を下向き

● **慶弔で帯締めの房の向きが違う。**特に弔事に帯締めの房が上に向かないように注意を。

● 毛織物、紬、木綿はカジュアル素材で、フォーマルには不向き。

慶弔に共有できる染め着物

紫、鼠色、薄茶など地味な色の色無地と江戸小紋。
色無地は菊、波、雲などの地紋入り、江戸小紋は格の高い文様を選ぶ。

弔事のコーディネート

慶事のコーディネート

鼠色の江戸小紋×喪の名古屋帯

右と同じグレーの江戸小紋に、喪の帯を合わせた「色喪服」。喪主・親族以外が通夜や法事、しのぶ会などに着用できる。半衿・足袋は白、帯締め・帯揚げなど小物はマットな黒で統一。

黒クラッチバッグ(プチソワール)

鼠色の江戸小紋×佐賀錦袋帯

江戸小紋でも格の高い万筋(乱菊の地紋)の着物は、袋帯を合わせて。グレーのシックな着物も、帯によってやさしくモダンな装いになる。小物の色味を変えると、さらに印象が変わってくる。

式典から会食まで着まわせる

無地感覚のキレイ色着物

03

着物にも時代の風景に合った着こなしがあり、ファッションの楽しさもたくさん。着物が日常着だった時代のよそゆき着物は華やかさがポイントでしたが、着物を着るだけで特別感のある今は、ぐっとシンプルな傾向になっています。あっさりした印象の無地感覚の着物を軸に、TPOに合った帯で変化をつける。洋服センスにも通じるすっきりしたコーディネートが主流なのです。

たとえば子どもの入卒式に初めての着物を選ぶとしたら、無地系でキレイ色の「色無地」「江戸小紋」がおすすめ。シンプルでいてクラス感があり、ほどよい華やかさも魅力です。

ただ、華やぐからこそ、入卒式に着物で出席する場合は「主役は、自分ではない」ことを十分に意識して。小物も含めて全体の色数を抑えたやさしいトーンで、一歩控えた装いを心がけましょう。

無地系の着物は応用力も抜群です。次ページから着物一枚を軸に、3シーンの着こなしをご紹介。実用の場面を想定すると、着まわし幅がリアルに見えてきます。

●きちんと感のあるよそゆき着に重宝する着物は、つけ下げ、色無地、江戸小紋。

●化繊生地の着物も、フォーマル着用はOK。

●よそゆき着に重宝する織りの帯は、金銀入りの袋帯、格のある絵柄の名古屋帯。吉祥文様の絵柄は慶事向き。

●近年、気温変化もあり着物の決めごともゆるやか。留袖など正装の席以外は、空間や人の緊張度、気温、土地柄に合わせた装いを。

七五三・入学式のスタイル

新しい門出を祝う、晴れやかな席にふさわしい華やかな袋帯を合わせて。
帯揚げ、帯締めのどちらかを白にするときちんと感がアップ。

浅葱色の色無地×花唐草の織りの袋帯

写真上:色無地は着まわし幅の広い着物。七五三や入学式には色合わせを明るめに。瑞々しさのある浅葱色に、年相応の愛らしさのある袋帯を合わせる。パーティーバッグを持てばレストランパーティーなどにも。
左:袋帯の柄は、ハレの日にふさわしい吉祥文様の唐草。蔓草の茎がぐんと伸びる文様に、子どもの健やかな成長を願う気持ちを託して。

ちょっとした会食のスタイル

色無地をカジュアルダウンして
着こなすには、織りの名古屋帯が有効。
小物にアクセント色を配し、
さりげなく個性を表現して。

浅葱色の色無地×織りの名古屋帯

写真上：色無地を無理なくカジュアルな装いに。絹リボンが織り込まれた帯は、ざっくりした素材感ながら節々にツヤがあり、染めの着物の上品さにマッチ。帯締めに印象的な色を使って、愛らしさとモダンさを醸す着こなしに。
左：織り柄の帯はお太鼓の景色がほっこり。厚みの出る帯は、着物と色調を合わせ、軽やかな印象に。

卒業式のスタイル

肌寒さが残る卒業式には、
室内でも着用できる羽織をまとって。
お別れの式典には
色を抑えてシックなトーンに。

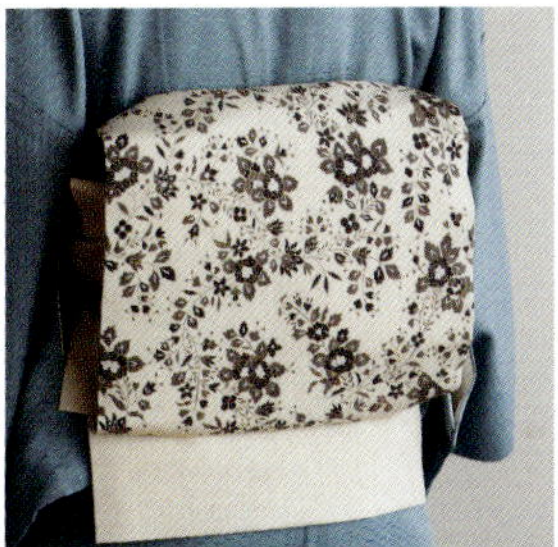

浅葱色の色無地×白グレーの羽織

写真上:白っぽい羽織はフォーマルシーンに羽織ると、品良く映える。江戸小紋の柄が地紋にほどこされているので、柄効果で汚れも目立ちづらい。帯はモノトーンを選び、全体を寒色できれいめにまとめる。
左:白ベージュ地に黒金で描かれた草花文様の名古屋帯。季節を限定しない柄の白系の帯は着物の色を選ばず、1本あると重宝する。

白・金・銀の小物

White, Gold and Silver Accessories

フォーマルな和装のお支度では、つい着物や帯にばかり気がいきがちで、直前になって「使える小物がない！」と慌てることが多いもの。特に半衿、帯揚げ、帯締めは、カジュアル小物は流用できないので、素材と色に心配りしてフォーマル用を揃えましょう。

まず半衿は、白の塩瀬《しおぜ》（絹織物の一種）が基本で、留袖などの正礼装は純白に限ります。色無地や江戸小紋など準礼装の着物なら、白地に白や金銀の刺繍の入った半衿を、アクセントに使ってもいいものです。

帯揚げ・帯締めは、種類も様々。留袖以外で使う場合は、お店で求める際に、「着まわし幅が広いタイプを探している」と相談してみましょう。

たとえば、帯揚げなら、素材は綸子や縮緬、絞り。白が基本ですが、少し色のあるものに刺繍入りなどは、より華やぎます。

帯締めは、格調のある組み方で、白に金銀入りが礼装向き。ただ、あまりギラギラした彩りは重厚な帯でないと使いづらいもの。控えめな金銀彩や色の帯締めなら、パーティーの装いなど幅広いシーンで使えます。

- 白以外がベースの色半衿、柄入りの半衿は避けて。
- 木綿やウールなどカジュアル素材の半衿はNG。
- 濃い配色の帯締め、個性的で模様などに遊びのある帯揚げは避けて。

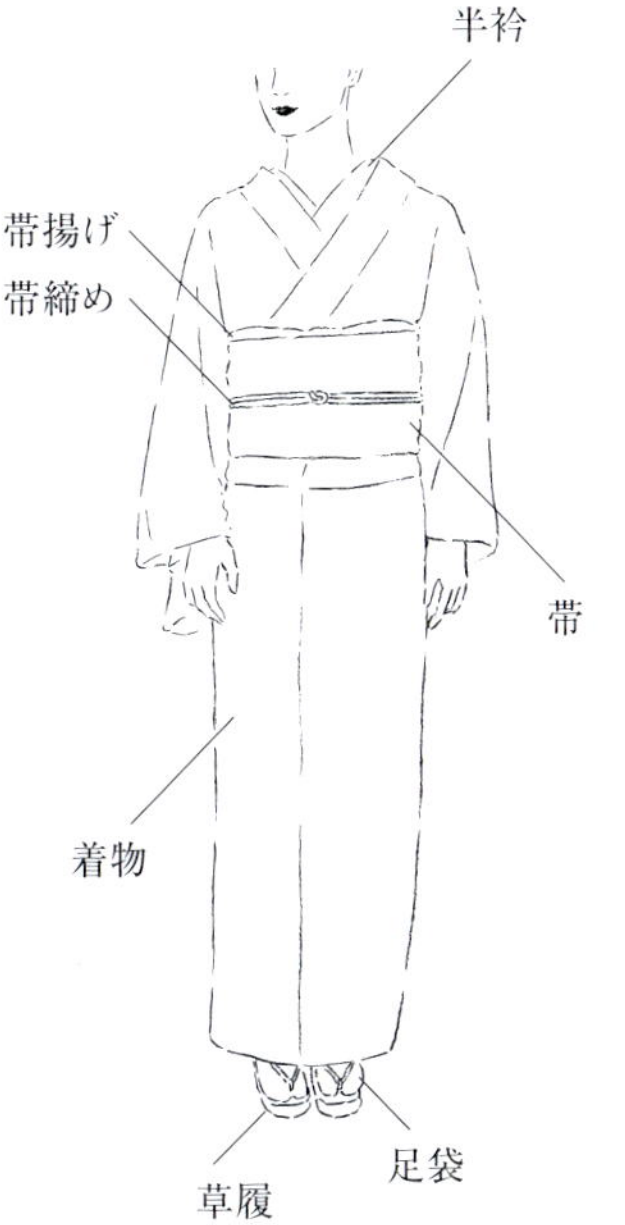

フォーマルの半衿

純白の白を基本に。準礼装には光沢感や吉祥文様の地紋、白糸や金糸、銀糸を使った刺繍などでおしゃれ感を演出しても。刺繍衿は着つけの際に、やや多めにするなど衿の出る幅を調整すると華やぐ。

フォーマルの帯揚げ・帯締め

見える面積は小さくても、思った以上に目立つ帯揚げ・帯締め。色無地など準礼装なら、帯締めは白や金銀の色が入ったもの。帯揚げは淡い色味で金糸、銀糸の模様があしらわれたものが華やぐ。

着物と帯の見立て

物語のあるコーディネート

04

着物のおしゃれの魅力は、日本の自然に育まれた独特の色、すばらしい染織の手仕事を肌身にまとえる豊かさです。

着物ならではの伝統文様や色使いには、洋のデザインにはない情緒があって、「ワンピースなら絶対に着こなせない」といった一見難しそうな総柄の着物も、袖を通して見ると、人によっては案外しっくりとするからふしぎ。ビギナーのうちは好みを決めつけすぎないほうがよいでしょう。

着物の一番のおもしろさは、コーディネートで物語をつくれることです。夏なら濃紺の着物に雪の伝統文様の帯を締め、涼やかな景色に。結婚式などの慶びごとには、左ページのように、吉祥文様をつないで祝福の気持ちを込める。季節の移ろいや、着ていくシーンに合わせ、着物と帯の色柄を取り合わせて、自分なりのストーリーを見立てる遊び心。自然や人に想いを寄せて選ぶ、着る前のそんなひとときも着姿を豊かにします。

●吉祥文様とは、慶びを祝う意味の文様。亀甲、松竹梅、七宝つなぎなど、多数あり。

●季節感のある植物柄は先取りがおしゃれ。春の桜などは花の終わり時季に着ると季節遅れの印象に。

訪問着
コーディネート

格式の高い慶びの場面に、
華やかな色柄の訪問着の着こなし。
祝福の気持ちを着物や
帯の長寿と富貴を招く柄に託して。

自然文様の訪問着×吉祥文様の袋帯

広げると一枚の絵画のようになる華やかな訪問着。紅葉や椿など四季折々の花が描かれているので季節を問わない。着物の1色にある水色をメインカラーにした袋帯を合わせて。生命力のある着物の自然柄と、長寿と富貴につながる花唐草と龍の帯柄で、幾久しい幸せを願って。

役割に適ったデザインを

よそゆきバッグと草履

05

フォーマル着物の履物は、洋装でいえばパンプス。エレガントな足元がポイントです。基本の1足目は淡い色のタイプに。昔は高い踵も大事でしたが、着物がシンプル化した今は、踵は低めでも上品に見えるものなら良しとされています。

色形もさることながら、こだわるべきは履き心地。草履が足に合っていないとツライ思いをしますので、試し履きをして選ぶのは必須です。

装いのムードを左右するのはバッグ。和装バッグに限らず洋装バッグを持つ方が増え、「今らしさ」を加味するアイテムになりました。

着物は袂があるので手提げバッグになりますが、なじみがいいのは「持ち手短め」タイプ。デカバッグより、小さめのほうが断然エレガントな印象になります。

バッグも草履も単品で考えず、着物と帯を身につけたうえで、必ず鏡でチェックを。おしゃれは全身のバランスが大切です。

NG

● **下駄**はカジュアルな履物。上品なデザインでもNG。

● 礼装の草履はダークグレーなど濃いマットな色は避けて。

● 色柄の個性的な鼻緒は不向き。

● 肩掛けショルダーバッグは不向き。ファーのついたバッグはNG。

大人着物の
バッグと草履

今らしい着物スタイルになじむ
シンプルなバッグと草履をピックアップ。

淡色系エナメルの草履

フォーマルの着物には、白やピンクベージュなど淡い台の色が最適。濃い色目の台はカジュアルな雰囲気になり、着物の色を選ぶ。鼻緒に金銀があしらわれたものは、より華やぐ。光沢感のあるエナメルの台は、クッション入りなど歩きやすさも重視してセレクトを。ちなみに草履は左右同じ形。ときどきチェンジして履くと鼻緒の形が偏りづらい。

和洋で使えるバッグ

縦長の着物シルエットに対し、バッグは横長フォルムがよく合う。クラッチバッグは着物とも好相性。写真の上は、フランス製アンティークビーズのバッグ。洋装和装ともビーズバッグはフォーマルの定番。下の布製の黒クラッチバッグは喪用バッグ。シンプルなデザインはきちんと感があり、大人着物になじむ。

下:黒クラッチバッグ(プチソワール)

よそゆき着物のQ&A

大人の着物のスタートアイテムに、紋、フォーマルにNGな着物や帯、アクセサリーなど。ビギナーが心配なことをご相談。

相談窓口●着物スタイリストoteshio

Q1

大人着物のビギナーとして、何から揃えていくのがいい?

着物をきれいに着るには自分の体型にあったマイサイズの着物が一番で、着つけがラクで着姿も美しいもの。反物から着物をお誂えするとなると、ある程度の質の良さが求められるので、安価ではありません。それだから、一度に揃えずに、ひとつひとつ手に入れることが、楽しみにもなるものです。

ビギナーの方の場合、何から揃えていくかは、個々の事情と好みによりますが、一例としては次のようなステップがあります。

〈例〉フォーマル軸で着物揃え

着用シーン:子どもの七五三、入卒式など家族行事が中心。

ステップ1…無地系の色無地か江戸小紋+長襦袢+金銀彩の袋帯

ステップ2…1の着物に合う名古屋帯か、ベーシックカラーの無地の羽織

着物は価格帯がわかりづらいのが悩ましいところですが、予算として最初の「ステップ1」で30万円前後を目安に心づもりされるといいでしょう。

着物や長襦袢をご自分のサイズで誂え、サイズ共通で使える帯は近しい方からお借りになっても。賢くやりくりして、お気に入りをじっくり見つける作戦がおすすめです。

Q2

フォーマルな着物には紋があったほうがいいのでしょうか?

留袖や喪服など正礼装の着物には「家紋」をつけるのが伝統的です。結婚後でしたら実家の紋を継ぐのが一般的です。

紋については、地方や個々人によって様々な考え方があります。P・95のように格のある江戸小紋を慶弔に使いたい場合は、背にひとつ紋を入れると格があがります。この場合、正式な紋は「染め紋」ですが、「縫い紋」にしておくと普段のよそゆき着にも使いやすくなります。

Q3 紬や小紋の着物で パーティーにいってもいい?

織りの着物は、カジュアルですから、フォーマルなシーンに紬は避けたほうが無難です。紬地の訪問着もありますが、これは着物通ならではの遊び心を発揮できるアイテムです。

小紋については、ドレッシーな柄ゆきのものなら、パーティーにも着こなせます。小紋は着こなし幅が広いアイテムで、帯次第で、カジュアルにもセミフォーマルにも着られるもの。礼装として、金銀の彩りがある格調のある名古屋帯などを合わせると、高級ホテルの空間にもなじみます。

Q4 フォーマルには 締めないほうがいい帯がある?

木綿や紬など普段着の帯といわれるものは、フォーマルにふさわしくありません。着物と帯の「格」が合わないと、コーディネートのバランスが悪くなります。

極端ですが、ドレッシーな江戸小紋にほっこりした紬の帯や、素朴な木綿の着物に格調高い金銀刺繍の袋帯はミスマッチになります。

近年は、つけ下げ、色無地なども家紋をつけるとカジュアルダウンがしづらくなるため、紋をつけない傾向です。紋のありなしは、着用の用途で考えられるといいでしょう。

Q5 着物で アクセサリーや香水を つけてもいい?

アクセサリーをつけること自体はNGではありませんが、正礼装の着物にはふさわしくありません。同窓会や会食など、やや気軽な着物であっても、小さなピアス程度にしたほうが着姿が映えます。

香水を普段からつけている方も着物のときはつけないほうが無難。シミのもとになってしまうことがあるからです。

着物を着るだけで十分にエレガントですから、アクセサリーや香水の余分なエッセンスを盛りすぎず、引き算のおしゃれを意識したほうが素敵です。

着物ゴコロを育んで

着物好きの多くは、「着物を着たいんですけど」という相談を受けると、着物仲間を増やそうと、嬉々として腕まくりします。

着物を着たいなと思っても躊躇する理由は、おおよそ2つ。第1には着つけの難しさ。着つけ道具の使い方や手順など、覚えることが多い。でも着物という衣は「体で仲良くなる」ものです。着て外に出て、体に慣らすと、どんどん気難しさは遠ざかっていきます。

そもそも着物は昔の人の日常着。着つけとは、体に着物の布を巻きつけ、自分でシルエットをつくることなので、自分の手で着られるとラクで、本来は苦しく着つけるほうが難しいのです。ある着物スタイリストさんの名言は「ショールが巻ける方なら、帯も巻けます」。

第2の心配はお金がかかることですが、着物のおしゃれは10年、20年スパンで考えるとコスト感覚が違ってきます。

それから「着る」とまわりに宣言することも大事で、宣言するとふしぎと着物が集まってくるんです。身内や近しい方、ときには知らない方からも、「着て欲しい」といわれることも。着物は幸せの巡りものともいえますね。

着物は支度もお手入れも、面倒といえば面倒。でもだからこそ、着物姿を訪問先でも喜んでくださいます。まわりの目が確実にやさしくなり、レストランでは良い席に案内してもらう恩恵もよくあること。

礼装に着物を着る人たちの声を拾うと「ストッキングやヒールの靴を履かなくていい」「絹の肌触りで気分がアガる」と、着心地よさも利点です。おしゃれの味方にすれば、礼装の支度は万全です。

大人のマナーと気づかい帖

冠婚葬祭のマナーはまわりの人とのおつきあいを
スムーズにしてくれる通行手形のようなもの。
人間関係が淡白な今だからこそ見直したい昔ながらの風習や手書きの手紙。
より豊かに生きるために、大人として知っておきたい
慶事弔事の贈り物、ご挨拶などを考えました。

A Handbook of Manners for Adults

adviced by Tokyo-kyukyodo

5

相手ありきの「贈り物」マナー

01

贈り物は受け取る相手があってのこと。親しい間柄で、相手の好みがわかっているなら、ちょっと個性的な物を贈り合っても良いものです。ですが、それほど親しい間柄でなければ、高価で凝った贈り物や好みの分かれる物を選ぶと、相手は戸惑ってしまうことも。また一人暮らしや家族の少ない方には、量の加減も大事。たとえば生鮮品などを一度に大量に贈るのは負担になることがあります。

凝りすぎたり、高価すぎたり、多すぎたり、「すぎたる」物は控えるのが無難です。喜ばれるコツのひとつは「日常に使える物で、自分で買うには少し高級な物を少量だけ」贈ること。また、ふるさとの名産品なども、保存が利く物なら受け取りやすいでしょう。近しい方なら、好きな物を伺ってみてから品物を選ぶとハズしません。

縁起を気にされる方も案外多いので、古くから縁起の良いとされる奇数（吉数）3、5、7もご参考に。

品物だけ贈るのではなく、一筆メッセージ（例文はP・142）を添えたり、メールや電話でのご挨拶も忘れずに。相手を思いやる心がマナーの基本です。

● 一人暮らしの方、年配の方には、食べきれる量を。家族のいる方には分けられる数量を。

● 会社など大勢で分ける場合は、個別包装のお菓子もいい。

● 初対面の方や既婚男性には、食べ物や飲み物などの消え物が無難。

● 食品は賞味期限をチェックして贈って。生鮮や冷凍品などは事前に相手に伝えても。

● 場所をとる大型の物、重量のある物は負担になることも。

● 数に気をつけて。凶数は4、9。半ダース、1ダースはそれを1組とする。

しゃれた日用品を贈る

自分ではあまりお金をかけない日用品をもらうのも嬉しいもの。たとえば、東京鳩居堂（P.147）で人気があるのが、塗りの文箱に、便箋セット、絵ハガキや香、一筆箋などを選んで詰めた贈り物。進学や退職などの節目に、かけ紙や水引をかけて贈るとさらに喜ばれる。

祝儀袋の選び方

02

慶びごとで、お金を贈り物として包む際に使うのが祝儀袋。基本として、右上に「のし」がつき、赤白や金銀の水引がかかっています。

豪華絢爛な水引がかかった袋から、のしも水引も印刷された「略式」の袋まで、種類豊富な売り場に行くと、どう選ぼうかと迷ってしまいます。

大別すると、婚礼用の袋と、それ以外のお祝いの袋とに分けられます。

婚礼用の祝儀袋の水引は一度結んだらほどけない「結び切り」という結び方です。これは「一度限り」が望ましいことに用いられる結びです。

婚礼以外で使う祝儀袋は、関東などでは水引の結び直しができる結び方「花結び」を使います。出産祝いや長寿祝いなど、人生に何度あってもうれしい祝事にマッチした結び方です。

デザイン選びでは、贈る金額とのバランスも大事。市販品の袋には、金額の目安が記載されている物もあるので、参考にしてみてください。

● のしは慶事の贈答の際、縁起の良い長寿によつわる「のし鮑」を添えたことに由来。

● 少額の場合、あまりに絢爛豪華な袋を使うのはバランスが悪い場合も。

● 格調高い会場に用いるなら、略式の祝儀袋は不向き。

● お札は新札か、きれいなものを用意して。くしゃくしゃのお札はNG。

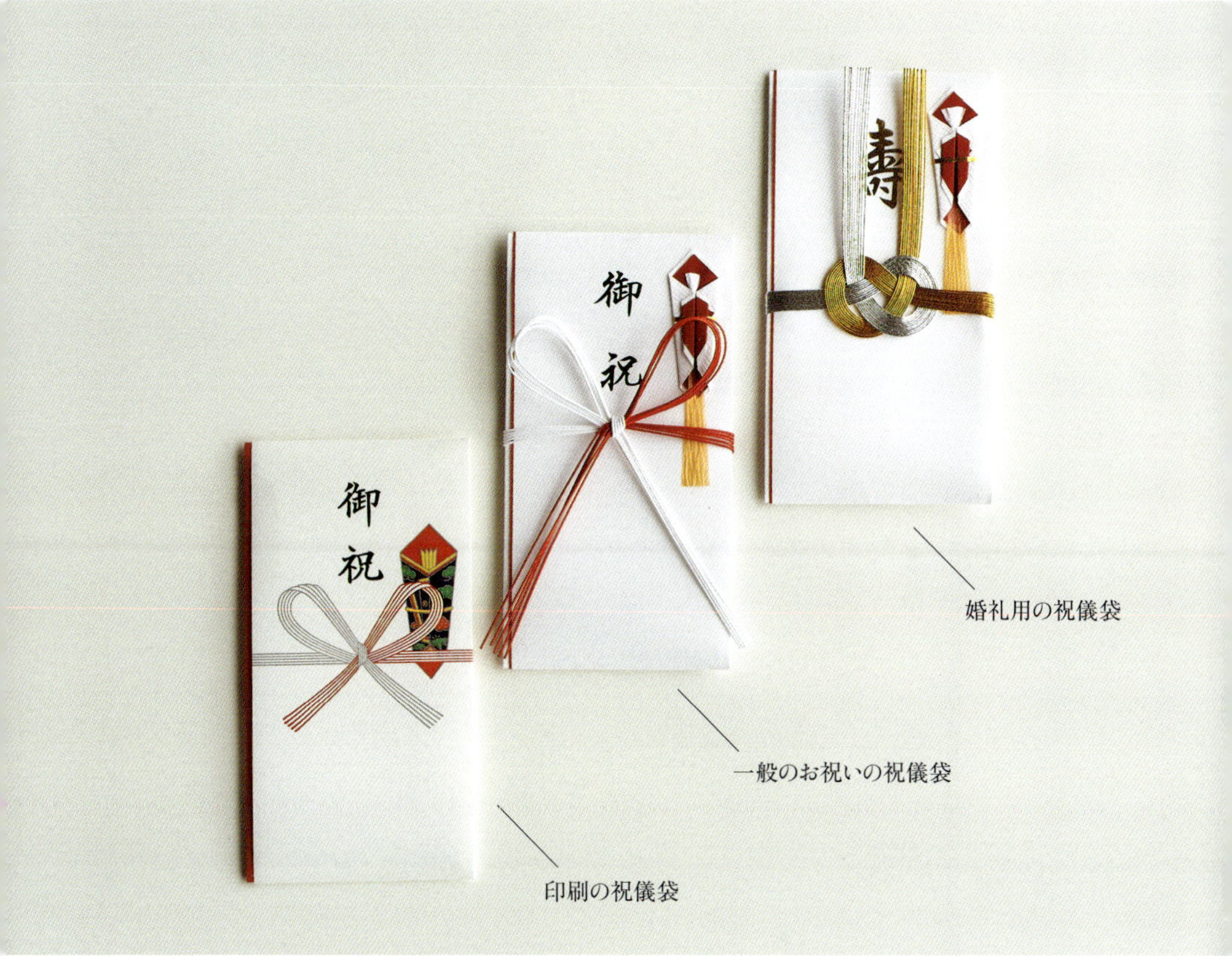

基本的な祝儀袋

結婚祝いの祝儀袋は、金銀の水引で結び切りの結び方。一般のお祝いの祝儀袋は、紅白の水引で結び直しのできる「花結び（P.121・123）」。印刷の祝儀袋はのし、水引を印刷したもので、日常のちょっとした感謝を表したいときに使いやすい。

*写真は主に関東で用いられる祝儀袋

金額は漢数字で中袋の表面に
「金 ○○圓 也」
原則、祝儀に住所記入は不要

贈る目的

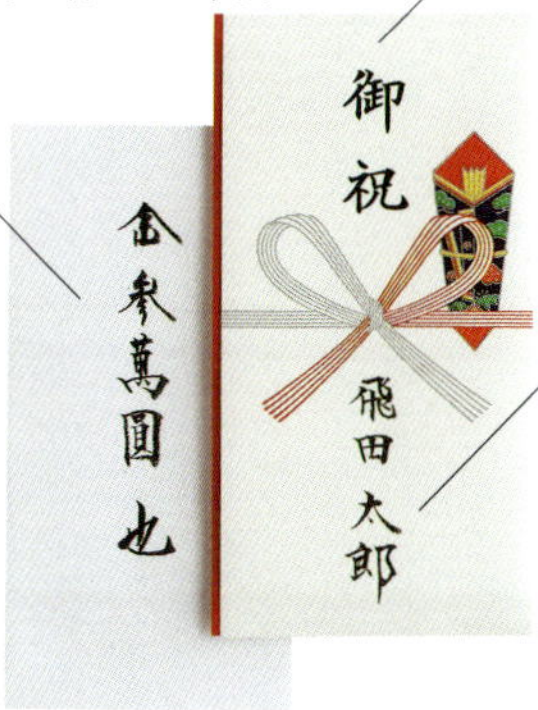

贈り主（自分）は
フルネームが丁寧

上包みと中袋の書き方

なるべく毛筆か筆ペンを使い、自分で書く。文字はバランス良く配すると整って見える。金封の金額は間違いを防ぐために旧字体の漢数字を使う。

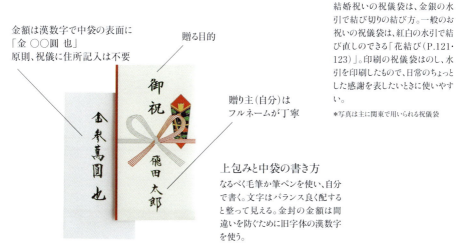

○日常使いの祝儀袋

日常の中で、ちょっとしたお祝いやお礼としてお金を贈るとき、略式の祝儀袋は使い勝手がいいもの。さらっと渡せて、相手にも負担をかけません。

現代らしいカラフルなデザインの祝儀袋も増えており、若い人同士や親しい間柄なら、堅苦しくならず使いやすいものです。目上の方でも、ちょっとしたときに気持ちとして渡したい場合などは、仰々しくなりすぎず、好ましく思われることも。表書きは格式ばらず、相手に気持ちが届くような言葉を選んでもよいでしょう。

習い事のお祝いやお餞別など、水引では大げさに感じる場合はおしゃれなデザインの祝儀袋でも。松の葉の模様は、「松の葉ほどのわずかな気持ち」を表す。

小さなアート作品のような伝統文様のぽち袋。お正月のお年玉以外でも、大人の気くばり小物として常備しておくと重宝。できれば、紙幣もきれいなものを用意して。お金以外にクオカードや図書カードを入れてお礼としてお渡しする場合も。

表書きの言葉が印刷されているぽち袋もある。日常のお祝いやごあいさつには心のあたたかさが伝わる言葉を適切に選んで。

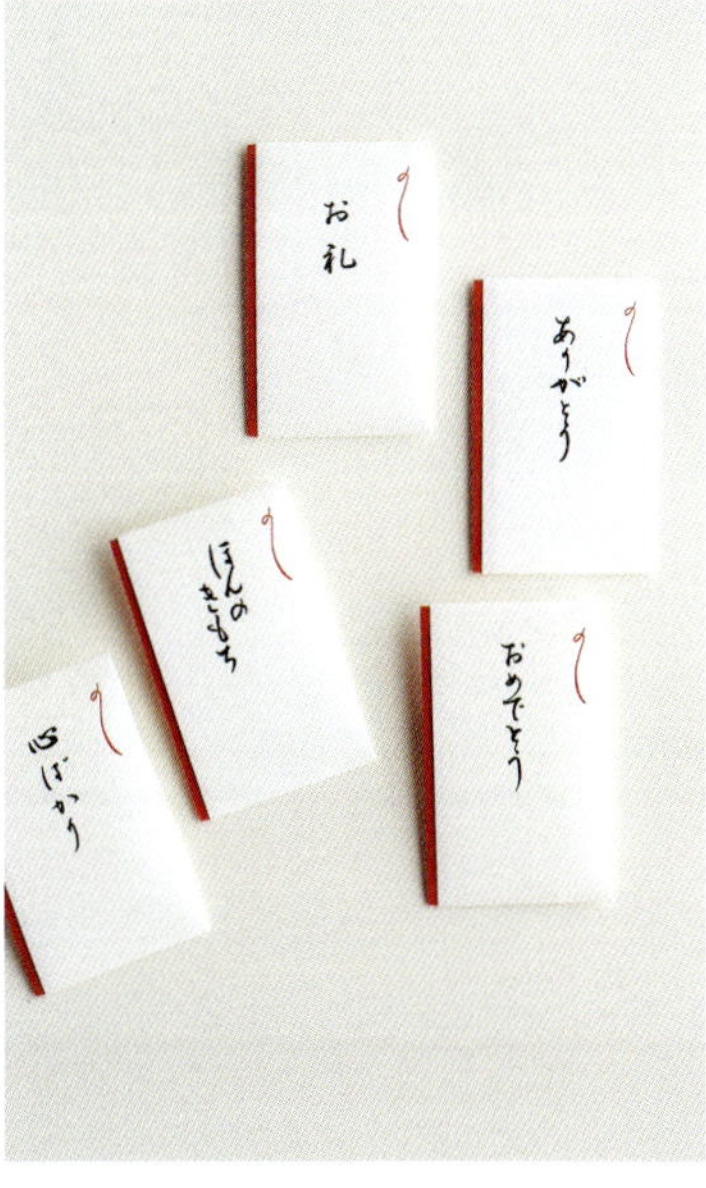

○ぽち袋

ぽち袋の「ぽち」は、「ほんの少し」の意味で、「これっぽっち」が由来の説も。お金をむき出しで渡すのをためらう日本人らしい感性から生まれた、素敵な風習です。借りていたお金をお返しするとき、旅行での心づけ、会費のお支払いなど、ちょっとしたお金を人に渡すとき、ぽち袋を用いると「お金を丁寧に扱う人」と好印象に。ただし、目上の方にはあまり使いません。

愛らしい柄の袋そのものが贈り物になるから、選ぶのも楽しい。「自分はこの絵柄」と決めた袋を使うのも、しゃれてます。

不《ぶ》祝《しゅう》儀《ぎ》袋の選び方

03

通夜や葬儀、法要などの弔事に、お供えとしてお金を包む場合、不祝儀袋を使います。関東の場合は、基本として黒白か双銀（銀1色）で、のしはつきません。水引の結び方は、「二度とないことを願って」結び切りになります。

迷ってしまうのが表書き。代表的なものに「御霊前」「御佛前」の2種類がありますが、その使い分けの目安となるのが、「四十九日」です。

一般に、通夜や告別式など四十九日までは、表書きは「御霊前」の袋を、四十九日（当日含めて）以後なら、「御佛前」の袋を用います。

さらに故人の宗教や、土地柄によっても種類があるので、できるだけふさわしいものを用いるように心がけましょう（P・118）。

不祝儀の金額は迷って少なくすると後悔も。いくら包むか迷った場合は多めに包むのがよいともされています。弔事には遊び心などは一切避け、故人を敬う気持ちで、哀悼の意を伝えたいものです。

- 不祝儀袋は「香典袋」などとも呼ばれる。
- できる範囲で故人の宗教を事前に確認して不祝儀袋を用意する。
- お札はきれいなお札に折り目を入れる程度で。くしゃくしゃの汚いお札はNG。
- 通夜や葬儀の受付など、お手伝いでお世話になった方には白無地の袋を使っても。

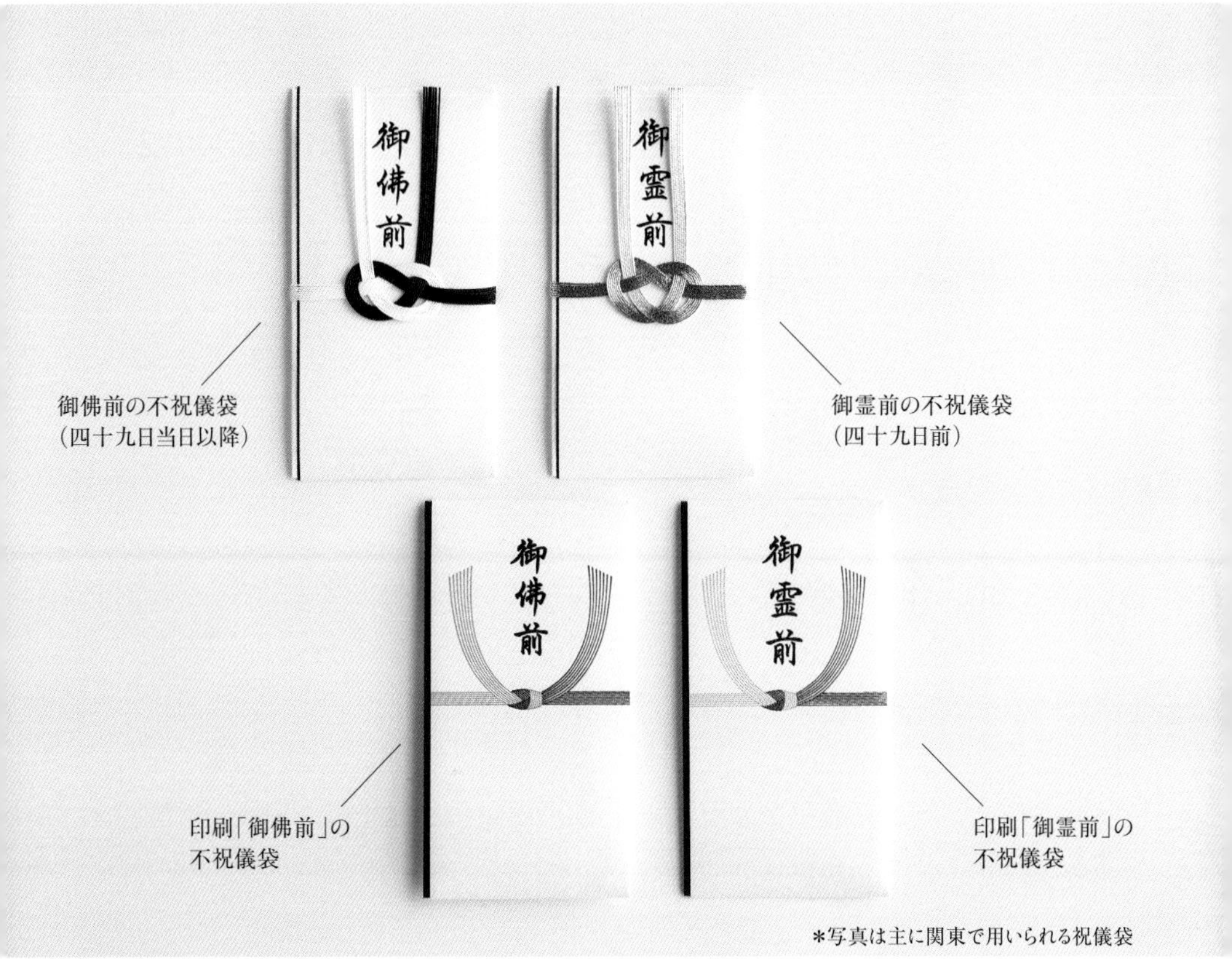

基本的な不祝儀袋

弔事の不祝儀袋は、関東の場合、黒白か双銀の水引で結び切りの結び方。「御霊前」の表書きは宗派関係なく使える。葬儀、年忌法要などタイミングと宗派に合った、オードックスなものを選ぶのが無難。大げさにしない場合は印刷（略式）の袋が使いやすい。

＊写真は主に関東で用いられる不祝儀袋

金額は漢数字で
中袋の裏面に「金 ○○圓 也」
必要であれば住所を書き入れる

贈る目的

贈り主（自分）は
フルネームが丁寧

上包みと中袋の書き方

毛筆か筆ペンで丁寧に書く。薄い字がいいともいわれるが袋によっては字がにじむので、通常の濃さの字で問題ない。金封の金額は旧字体の漢数字を使う。

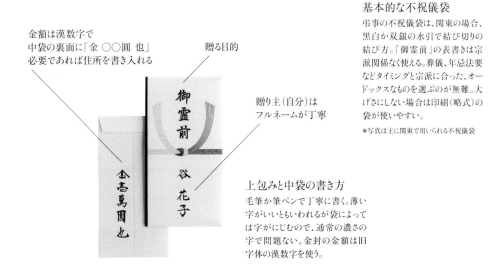

○宗派ごとの不祝儀袋

宗教によって不祝儀袋のデザインも違ってきます。

不祝儀袋に、蓮の花が印刷されているものは仏教のみに使用。神道には、水引が白か銀の袋です。キリスト教式の葬儀には、水引がなく、十字架や百合の花が印刷された不祝儀袋を使います。

表書きも、宗教により変わります。市販品には、表書きの文字まで印刷されているものもあります。

写真右はキリスト教式の葬儀に持参する不祝儀袋。十字架や花の模様が入ったものもある。写真左は神式の葬儀に用いる。

○地域ごとの不祝儀袋

ひと昔前まで、関東と関西では着物の好みも料理の味つけも違っていたもの。そうした土地土地の特色は冠婚葬祭のしきたりにもあり、「黄白」の不祝儀袋もそのひとつです。

京都、大阪など関西、そして東北の一部では、黄色と白の水引が結ばれた「黄白」の不祝儀袋を、通夜や葬儀、法要に用いるのが一般的。この黄白は関東ではあまり使われないものです。

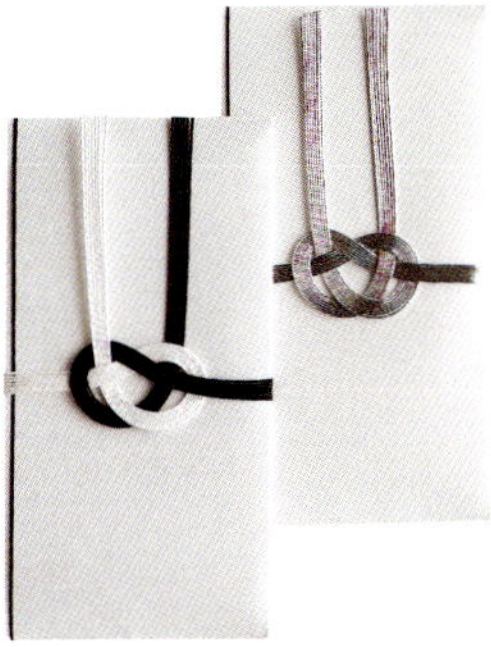

不祝儀の水引の色として、関西でおなじみなのが黄白。関東では黒白、双銀、双白（白1色）など。宗教がわからないときやお別れの会などで、表書きに迷ったら、白無地の金封に「御供」と書いてお渡しするのも。

袋の折り重ねる向き
袋の上包みは裏で折り返すが、上下を重ねる向きが慶弔それぞれ違う。

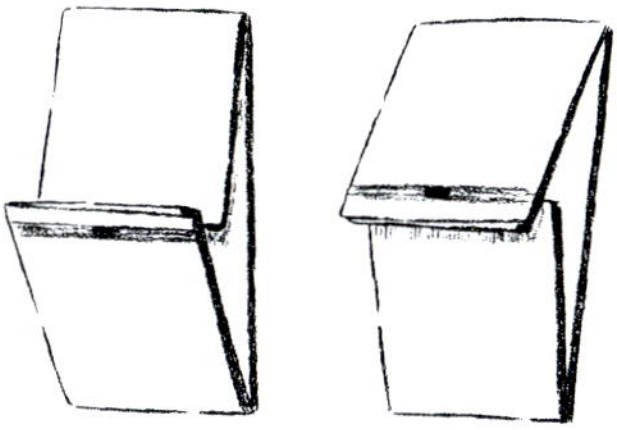

祝儀袋は「上向き」
「喜びを受け止める」の意味で、袋を重ねて折り返しが「上向き」になるように。

不祝儀袋は「下向き」
「悲しみを流す」の意味で、袋を重ねて折り返しが「下向き」になるように。

○寺院、神社、教会へのお礼

喪家としてお葬式や法事でお世話になったお礼のお金を包む際は、一般には白無地の袋を用います。袋の表書きは、お寺へは「御布施」、神社へは「御祭祀料」、キリスト教式の教会へは「献金」として、感謝を込めてお礼をお渡しします。

ただ地域や寺社によって慣習は違うので、迷ったら詳しい親族か葬儀社の方に相談しましょう。

僧侶の方やお寺などへのお礼には白無地袋に「御布施」などの表書きを。白無地の袋は慶弔問わず、用途に合わせた表書きで使える。

「かけ紙」「水引」の実用美

04

慶弔の金封と並び、大切な贈り物に欠かせない「水引」と「かけ紙」。清らかな白紙で包み、紅白や金銀の水引できりっと結ばれた贈り物は、外国の方からも「モダンデザインのよう」とも評されます。

一見形式ばって感じますが、その意味を知ると、相手を深く思いやって工夫された、心づかいとわかります。

「水引」は包みを留める飾り紐ですが、単なる飾りの意味だけではなく、受け取る相手以外の人が開けることを封じる役目があるともいわれます。

白い奉書紙を使った「かけ紙」は、贈る品も贈り主の心も、清浄なものということを表しています。

かけ紙に記す「表書き」（P・122）は、「贈り物の目録」のような役割。原則として、上に贈り物の目的で、下に贈り主の名前を書きます。だれがどんな意味でその品物を贈ったかが一目でわかる。効率的で美しい、現代にこそ見直したい慣習です。

●慶事のかけ紙に水引とのしを印刷したものを、一般に「のし紙」と呼ぶ。

●のし紙とリボンは併用しない。

●贈り主の名前が先方にわかるように。家族以外なら贈り主のフルネームを書くと丁寧とされる。

●かけ紙は比較的小さい物でもかけられる。

結び切り

花結び

水引の色と結び方

水引は1色の場合もあるが、2色の組み合わせが基本。慶事は赤白、金銀など。弔事の水引は白黒など。慶弔、どちらも本数が多いほうが格が上とされる。結び方には、一般の慶事には「花結び（蝶結び）」、「あわび結び」、婚礼や弔事には「結び切り」が使われる。結婚相手の家へ初訪問する際には、仏様のごあいさつとして「ご先祖様」とするのがよい。

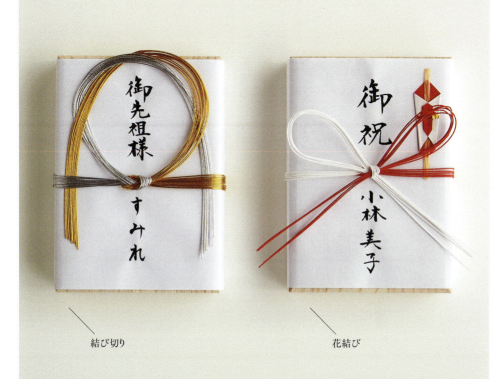

○かけ紙の表書き

かけ紙の表書きは、「これが何の贈り物か」という気持ちを伝えるタイトルにもなります。

一般的な贈答の場合は、目的によって「御礼」「御挨拶」など、伝統的な言葉を使うのが無難です。

もう少し気楽に渡したい場合や、相手が親しい間柄なら、形式ばった言葉よりも、「ありがとう」といったようなストレートな表現を使うと、ぐっと距離が縮まるもの。少々フランクでも、筆で丁寧に書かれた文字からは気づかいが伝わるので、率直な言葉から、心からの想いを感じてもらえます。

また、ちょっとした贈り物に使う「粗品」「寸志」「薄謝」は目下の人に使う言葉なので、ご注意を。

ちょっとした贈り物には「ほんの気持ち」「お菓子」、出産のお祝いの品物には「おもちゃ」など。

○「内のし」と「外のし」

品物にかけ紙をかけてから包装紙で包むのが「内のし（内かけ）」。品物を包装紙で包んだ上からかけるのが「外のし（外かけ）」。内にすべきか、外にすべきか――お店などで、どちらにするか聞かれて迷ってしまうものです。一説には包装紙は「風呂敷」の代わりともいわれ、内のしのほうが丁寧とされています。外のしの場合は、一目で贈り主がわかるので、相手が進物の多い家ならば、そのほうが都合がよいということもあるようです。

シーンに合わせて選ぶのもよいでしょう。

○花結びの水引

一般的なお祝いなどに使える花結び（蝶結び）の結び方。覚えておくと、ちょっとした贈り物に役立ちます。

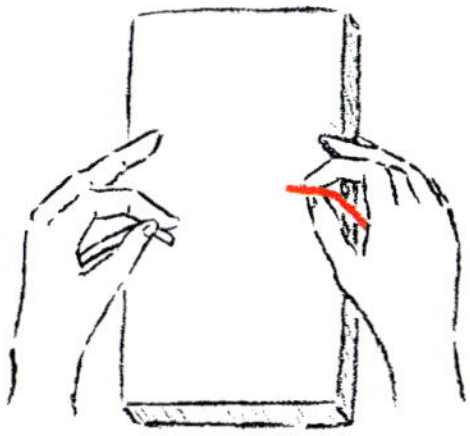

1

赤を右にして、水引を結ぶ物の下におく。左右の長さは揃える。

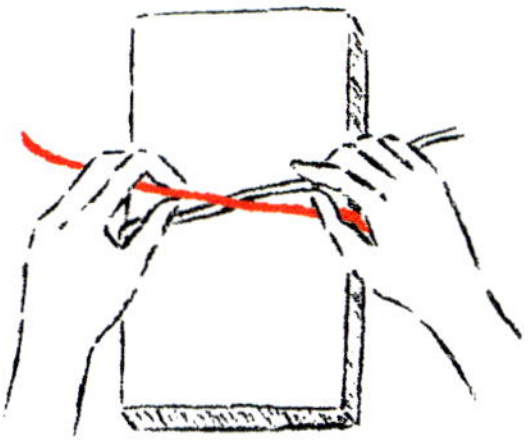

2

赤を上にして、白の上から下に通す。

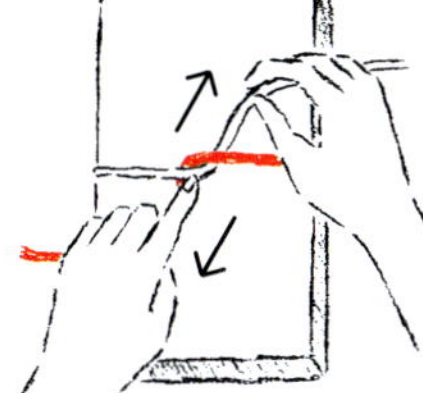

3

赤は左下へ、白は右上に伸ばす。

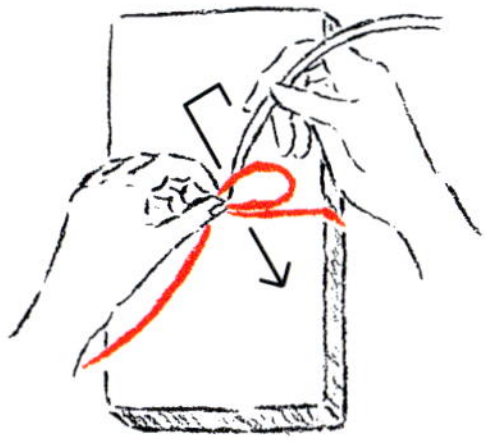

4

交差した部分を指で押さえながら、赤で右側に輪をつくる。

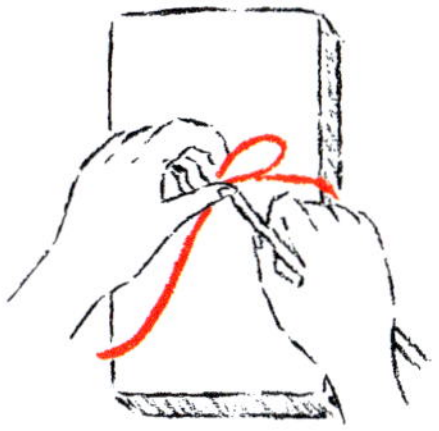

5

白を上にかぶせて赤の下をくぐらせ、左上に引き上げ、輪をつくる。

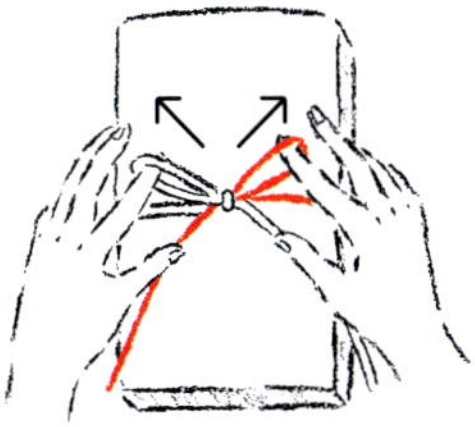

6

結び目を引き締めて、両端の輪を揃える。端が長ければハサミで切って整える。

慶事のお返しは「内祝い」として

05

結婚、出産、新築、長寿などでご祝儀として金品をいただいたならば、「内祝」という名目でお返しをするのが一般的です。

もともとの内祝いは慶びごとがあったときに、親戚や親しい方々に、お赤飯やお餅などを配って一緒に祝ってもらい、「福を分ける」といった意味合いがあったそう。今どきはお祝いをもらっていない方に贈ると、「お祝いの催促と思われるかも」といった気づかいからか、「内祝い＝返礼」と考える場合が多くなりました。

悩みどころは、内祝いに遣う金額の目安。一般に、慶事でいただいた金額に対し、上司や目上の方なら半返し（半額）程度、それ以外は3分の1程度とされています。ただ、数が多い場合は、いただいた金額にこだわらず、同じ品で統一しても失礼になりません。お渡しするタイミングにも気配りを。お祝いを渡して何カ月もたって内祝いが届くと、間が抜けた印象に。いただいてから1カ月をめどに贈るのが適当です。

どういったお返しも、品物だけでなく、一筆でもいいので感謝のメッセージ（例文はP・142）を添えて贈ると、より心が伝わるでしょう。

- 出産などの「内祝」は、子どもの名前で贈る。
- 入学祝いのお返しは、子ども自体に経済力がないので不要。お礼状は子どもに一筆書かせても。
- 結婚式や受賞祝いのパーティーを開いた場合は、その席で「引出物」や「内祝」を。
- 災害見舞いへのお返しは一切不要。暮らしが落ち着いてから、礼状か電話で感謝を伝えて。

○病気と災害の「お見舞い」の金封

お見舞いの金封は、全快を祈っての贈り物として紅白結び切りの水引で、「のしなしの袋」が基本。赤い色が気になる場合は、花の絵柄の袋を使っても。災害のお見舞いの場合は、白無地が無難でしょう。

縁起が悪いとされる「4、9」の数字は避けた金額にします。

さりげなく渡したい場合にも使いやすい袋。水引の赤は厄払いの意味も込められているが、状況が悪いときは白無地の袋でも。

○お見舞いのお返し「快気内祝い」には

お見舞いをいただいた方へは、快気のご報告を兼ねたお礼状と、感謝の品を贈るのが一般的。快気内祝いは、喜ばしいことなので、きれいな色のタオル、愛らしいお菓子など、消耗品で、心楽しいものなども使われるようです。

全快1～2週間後をめどに、表書きは「快気内祝」として、繰り返すことのないように、紅白の水引を結び切りとします。

ただ、快気内祝いに関しては、必ず用意しなければならないということはありません。ささやかな宴でお礼とする場合もあり。全快でなく退院した場合などは、お礼状でご報告する場合も。個々の事情に合わせ、迷ったら年長の近しい人などに相談してふるまいます。

○弔事のお返しは「志」

通夜や葬儀でいただいた香典へのお返しである、「香典返し」。葬儀の当日に一律で渡す「当日返し」もあります。一般には、四十九日の忌明けを迎える頃に、挨拶状を添えて贈ります。「おかげさまで忌明け致しました」という節目のご報告とお礼の挨拶でもあります。

香典返しには、一般に香典の3分の1～半分を返すのが通例とも。残らないものがよいとされ、お茶などの食品やタオルなどの消耗品が一般的とされています。

香典返しは、水引は黒白の結び切りで、表書きは「志」。香典返しを受け取った側は、お礼状は無用。

お線香の選び方

06

お線香を慶弔の贈り物にするのは、日本の古くからの慣習です。弔事の際に耳にする「香典」という言葉は、霊前（仏前）にお香を供えることに由来しているとも。亡くなった方にとって「お線香の香りと煙は最上のごちそう」という考え方もあるようです。生活の中でも、お仏壇にお線香をお供えし、香りで心身を清め落ち着けることは、仏様と想いをつなげるものともされてきました。

ですからお線香は、お金とはまた違った意味で、「故人への贈り物」にふさわしいものです。

たとえば葬儀の後や、法要に参加できなかったときでも、香りのよいお線香にお悔やみの手紙を一筆添えてお贈りすれば、より深い哀悼の気持ちが伝わることでしょう。

天然香料を贅沢に使用した高級品から、華やかな香水系の香りのものまで、種類も価格も幅広くあります。お線香を贈り物に選ぶ際は、予算を設定し、あまり好みの分かれない「やさしめの香り」がベターです。マンションにお住まいの方へお贈りするなら「煙が少ないタイプ」など、先方の生活スタイルを考えて選ぶのもよいでしょう。

●四十九日までのお供え物は「御霊前」に。四十九日当日からは「御佛前」に。

●服喪ハガキ（欠礼状）でご不幸を知った際には、お線香にお悔やみの心を託して（P.138）。

●新盆などには、香りのよい上質な線香を贈っても。表書きは「御佛前」や「御供」として。

●お線香やローソクの火を消すときは、手であおいで消して。吹いて消すのは仏様に息を吹きかけることになり不作法とされる。

お線香は香りと予算で選ぶ。天然原料のお線香では、白檀、沈香などの深みのある上品な香りがロングセラー。女性には花やハーブのやさしい香りも人気がある。桐箱入りやローソクとのセットなど、そのときの気持ちに合ったタイプを選んでも。

07

折々の贈り物は、タイミングが大事

子どもの成長の節目、暮らしや仕事の節目、年齢の節目など、日本人は季節の節目だけでなく、人生の節目も大切にしてきました。そうした節目を慶び合うことが、良い人間関係を続けるコツにもなります。

身内や、継続してお世話になっている方ほど、面と向かってお礼をいう機会が案外少ないもの。だからこそ、日頃の感謝や健康への気づかいを、節目の贈り物に託せば、より自然に伝えられます。

折々の贈答はタイミングを合わせることが一番大事。お中元やお歳暮、七五三や還暦のお祝いなど、ある程度の時期がわかっているなら、簡単なリストなどをつくって準備しておくと、手配遅れが防げます。

相手と状況にもよりますが、高額な物より、暮らしに活かせる小物など、分相応な物に心を込めた品選びが大事です。

● 生鮮品を贈る場合は、先方が受け取れる日を確認して手配するのも思いやり。

● 贈る側に不幸があった場合でも、忌明けすぎならお中元、お歳暮を贈っても問題ない。

● 自分が節目にもらってうれしかった贈り物などはメモで記録すると、返礼にも役立つ。

小箱にぽち袋を詰めて

愛らしい箱に詰めるとぐっとセンスアップ。縁起のいい柄のぽち袋を集めたり、季節の花のハガキを数枚まとめて詰めて贈るのもしゃれている。

「懐紙」をお礼アイテムに

手頃な価格の懐紙は、ちょっとしたお礼や年始のご挨拶として重宝する。柄違いで手元にストックしておけば、急ぎのときも焦らずふるまえる。

本に水引をかけて

本は男女ともに喜ばれるギフト。お礼やお返しなどには、食の本を贈るのも喜ばれる。カラー水引を結ぶだけで、ぐっとおしゃれに。

○お中元、お歳暮のご挨拶

お中元は、7月上旬頃から15日頃（関西は7月下旬から8月15日）まで。お歳暮は、12月初旬頃から20日頃まで。うっかり時季を逃してしまったら、お中元は立秋をすぎて「残暑お見舞い」に、お歳暮は年明けに「御年賀」として贈るのもよいでしょう。

年2回は負担に感じるなら、お中元は省略して、お歳暮で一年のおつきあいの感謝をまとめて表すといったこともあります。

一度贈り始めたら、ご縁が続いている間は続けることが大事。いつもの時期に贈られてきたものが急に途絶えると、「何かあったのかな」と心配したり、寂しくも感じるものですから。物を贈るのは止めても、暑中お見舞いや年賀状などで、言葉を贈って。ご縁をゆるやかにつなげられれば先方も安心です。

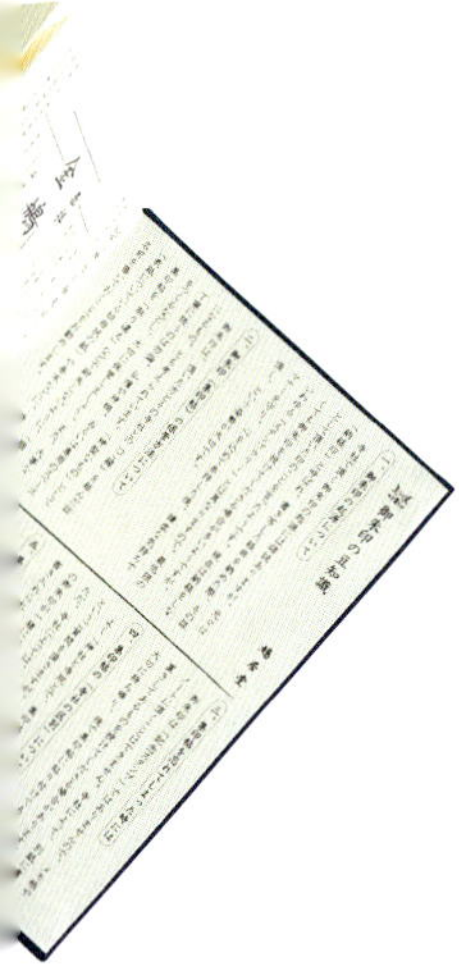

日本酒もお祝い品によく使われる。一升瓶にかけ紙をかけて贈ると凛とした印象になり、祝意も伝わる。

○新築、開業のお祝い

新築も開業も、人生に何度もないことですから、心を尽くした贈り物をしたいものです。先方は何かと物入りな時期なので、現金や商品券も喜ばれるでしょう。

記念になる物を贈りたい場合は、できれば先に相手の希望をリサーチしておくといいでしょう。新居や新しい仕事に必要な物、ふさわしい物を贈ることができれば、間違いなく喜んでもらえます。

観葉植物やお花、お酒、お菓子などが定番ですが、飾るスペースなどを知った上で贈りましょう。タブーは、ライター、灰皿、ストーブ、キャンドルなど。火にまつわるものは避けます。

趣味を豊かにする文具

仕事を辞めた後の余技に、絵や書を始める方も多い。ちょっと上等の水彩絵の具セットもいい贈り物に。

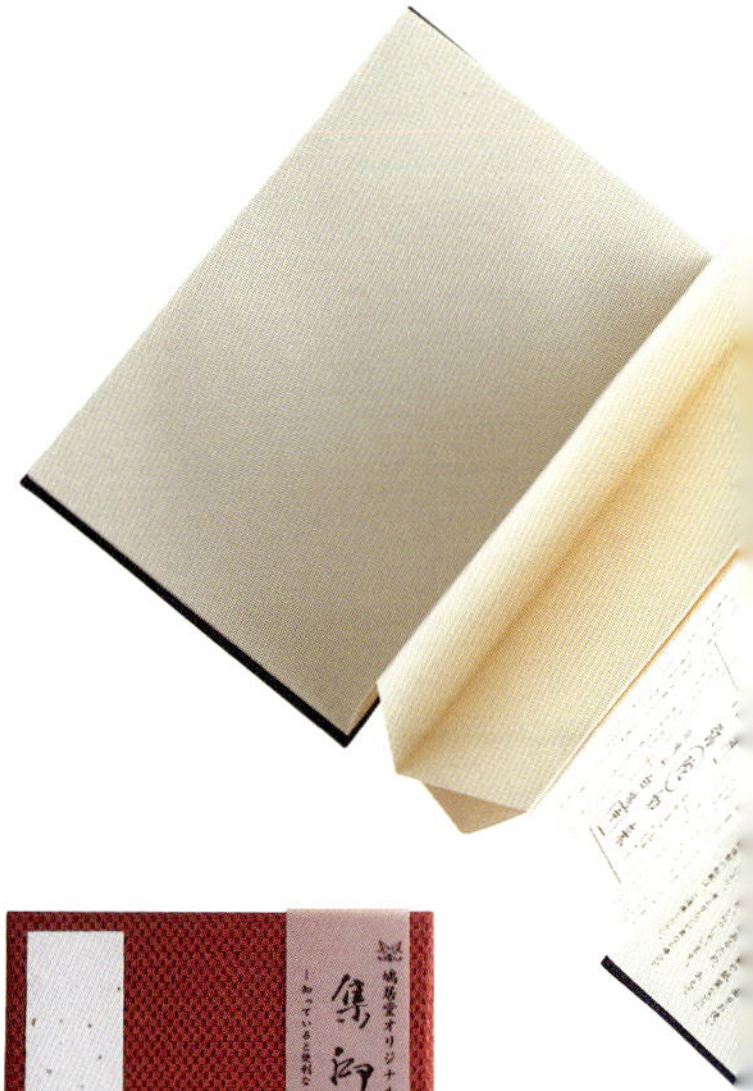

還暦には「赤」ギフト

旅行が趣味の方に人気の御朱印帖。還暦の記念品として赤を選ぶとよいとされる。還暦を厄年とする地域もあり、魔除けの赤が用いられてきた。古稀、喜寿には紫の色のものがよいそう。

○人生の節目、長寿の祝いごと

初宮参り、七五三から入学や就職など。誕生から成人まで、健やかな成長を願う祝いごとは、子ども本人だけでなく、まわりもお福分けをもらった心持ちになるものです。

人生100年時代になって、第2の人生もより豊かに。そのスタートになる60歳の還暦は、新しいことを始めるいい機会。趣味を広げる品が喜ばれます。

還暦といえば魔除けの「赤」。シック好みの方なら、アクセントに赤が配された小物なども使いやすいでしょう。

目上の方への長寿のお祝いは、縁起も大事にしつつ、高額すぎない贈り物を。表書きは「御祝」とし、紅白の水引をかければ華やぎます。

還暦の次は70歳の古稀、77歳の喜寿、80歳の傘寿、88歳の米寿、90歳の卒寿、99歳の白寿と、節目があります。

08

「風呂敷《ふろしき》、袱紗《ふくさ》」に包んで贈り物を渡す

物をむき出しのまま手渡さない――それが古くから伝えられてきた美しい作法です。

特に慶弔の品物や金封は、風呂敷や袱紗（絹などの小さな風呂敷）に包んで持っていくのがマナー。持ち運ぶ間に、水引が折れたり、汚れたりするのを防ぐためです。

あらたまった訪問の手土産に、風呂敷を用いてみましょう。最近は紙袋で間に合わせたりもしますが、風呂敷で包んで持っていくと自然と所作が丁寧になり、相手も心地よく受け取れます。

祝儀袋、不祝儀袋も、バッグからそのまま取り出すより、袱紗を使って渡すと「きちんとした人」と好印象に。大人世代になったら、ぜひ袱紗を一枚、用意しておきたいものです。慶事には明るい色、弔事はグレーなど地味な色を用います。使い勝手がいいのは慶弔どちらにも使える紫です。包み方の向きも、弔事は左前で、慶事とは逆なので注意しましょう。

「包む」という行為は、相手を大事にしている気持ちの表れ。風呂敷や袱紗などの伝統的な道具を、取り入れない手はありません。

贈答のときの基本「平包み」

シンプルでいて格の高い包み方。結ばずに包むので、品物が出しやすい。あらたまった日のお届け物に用いて。

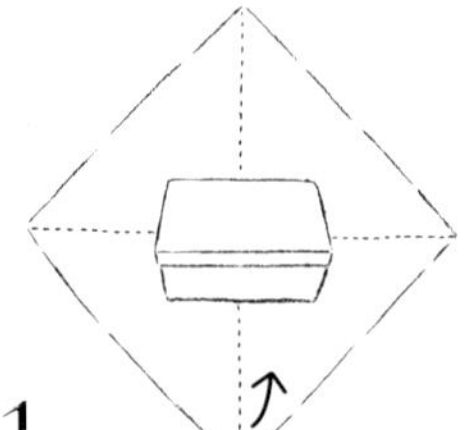

1
風呂敷を広げ、真ん中に包む物を置く。

2
手前の端をかける。角の余り部分は手前に折り返す（物の下に折り込んでも可）。

持ち運びやすい「お使い包み」

下記イラストの平包みと同じく一般的な包み方。中身をしっかり安定させて持ち運びやすい。包む物を真ん中に置き、手前⇨奥の順でかぶせ、左右の端を真ん中で結ぶ。

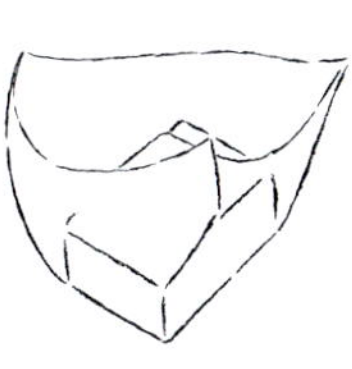

3

左端をかけ、角の重なりを整える。余り部分は折り返す。

4

右端をかけ、角の重なりを整える。余り部分は折り返す。

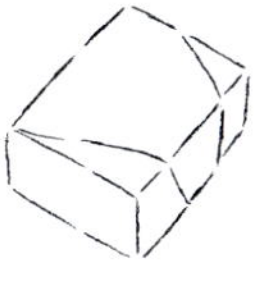

5

奥の端を上にかける。先端を下へ巻き込んで完成。

台つき袱紗

正方形の一枚布に、台がついたタイプ。慶事用の暖色系と、弔事用の寒色系のリバーシブルになっているものが多い。一枚布の袱紗のほうが、挟みふくさより正式。

〈 弔事 〉

左前に包む

弔事のときは、金封を真ん中の台（緑）に置く。【1】右側の角を先にかぶせ、【2】下、【3】上、【4】最後が左前になるように包む。

〈 慶事 〉

右前に包む

慶事のときは、金封を真ん中の台（赤）に置く。【1】左側の角を先にかぶせ、【2】上、【3】下、【4】最後が右前になるように包む。

○袱紗の使い方

袱紗は慶弔で包み方が違うので気をつけましょう（写真上を参照）。渡し方としては、たとえば結婚披露宴の受付にて、袱紗から祝儀袋を取り出します。相手から見て祝儀袋が正面になるように、向きを変えて差し出します。必ず両手で渡すようにしましょう。葬儀の際の不祝儀袋の渡し方も同じです。

慶事には、赤、オレンジ、ピンク、金など暖色系の明るい色の袱紗を。弔事では、紺、緑、グレーなど寒色系の袱紗を使います。両用できるのが紫。紫の袱紗がひとつあると、男女とも、慶弔に使えるので重宝します。基本は無地ですが、お祝いごとには、松竹梅や扇など吉祥文様の入ったものも選べます。

挟み袱紗

挟むだけなので難しくなく、使い勝手がいい。バッグの中で金封はしっかりカバーされるので、くしゃくしゃになる心配もない。

○お金の包み方

お金を包む際のお札の入れ方（向き）にも、様々な考え方があります。

　慶事のときはお札は表向きで入れ、弔事のときはお札を裏返して入れるといわれています。

　慶事には事前に新札を用意して包み、お祝いの心を表します。

　弔事のときは、事前に準備した印象になるために新札は好ましくないとされます。昔は古札を使うものでしたが、今はあまり使い古したくたくたのお札は避けて。きれいなお札に折り目をつけてから包めば、問題ありません。

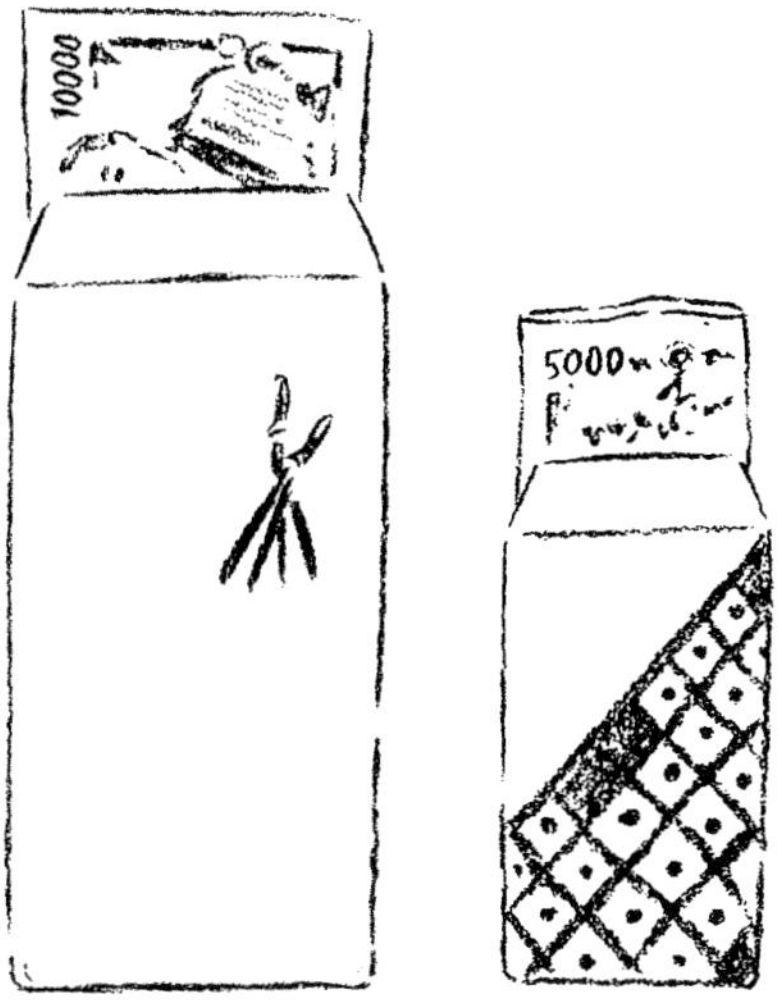

お札を袋に入れる

慶事ではお札を表に向け、印刷されている人物（1万円札なら福沢諭吉）の顔を上側にして入れる。不祝儀に新札を使う場合は、一度二つ折りにして折り目をつける。

ぽち袋に入れる

ぽち袋などの小さめの袋に入れる場合は、人物を表にして、左から三つ折りにして入れる。

○紙袋の贈答品の渡し方

贈り物をするとき、風呂敷がなければ、紙袋に入れて持ち運ぶことが多いですが、紙袋ごと渡すのは避けましょう。

　紙袋は風呂敷の代用ですから、基本的には袋から出して渡します。袋は持ち帰るか、親しい方なら贈り物に添えて袋もお渡ししても。

　贈り物を手渡すときには両手で持って、「ほんの気持ちです」といった言葉を添えましょう。

直筆で伝える「お礼状」

09

デジタル全盛期の今、日々のおつきあいもメールが中心になり、手紙のやりとりがめっきり減りました。それだけに、手書きのメッセージを受け取ったときは、美しい文字でなくてもその方らしさが感じられ、何とも嬉しくなります。

手紙はかまえてしまうという方も、一筆箋に短文をしたためるだけなら、メール感覚で気楽です。お礼の品物やお金を贈るときも、金品だけだとドライな印象ですが、一筆箋やカードなどに、「美味しかったので、お味見を」などと、素直な言葉が添えられていると、より気持ちが伝わります。

ただし、目上の方宛てや、あらたまった内容の手紙には、一筆箋ではなく白い封書を用います。礼を守って書くべきときには、書き方の形式を参考にしたほうがスムーズです。

いずれにしても、手書きのメッセージは、字の上手下手より、読みやすさが肝心。年配の方へは、濃い文字で大きめに書いて。誤字脱字が多くなりがちなら、下書きをしたうえで、「丁寧に書く」ことを心がけましょう。

●お願いごとやお詫びには、一筆箋やハガキはＮＧ。白い無地の封書を。

●ハガキは略式になるので気軽な便りに使って。

●他人に読まれて困る内容の手紙は封筒に入れる。

●一筆箋は書き方は自由だが、枚数は1～2枚までに収める。それ以上になるなら便箋に。

○筆記用具の選び方

気軽な一筆箋でも、ボールペンより、水性ペンや万年筆を使うほうが字に味わいが出ます。最近は数百円の万年筆風ペンもあるので活用するとよいでしょう。

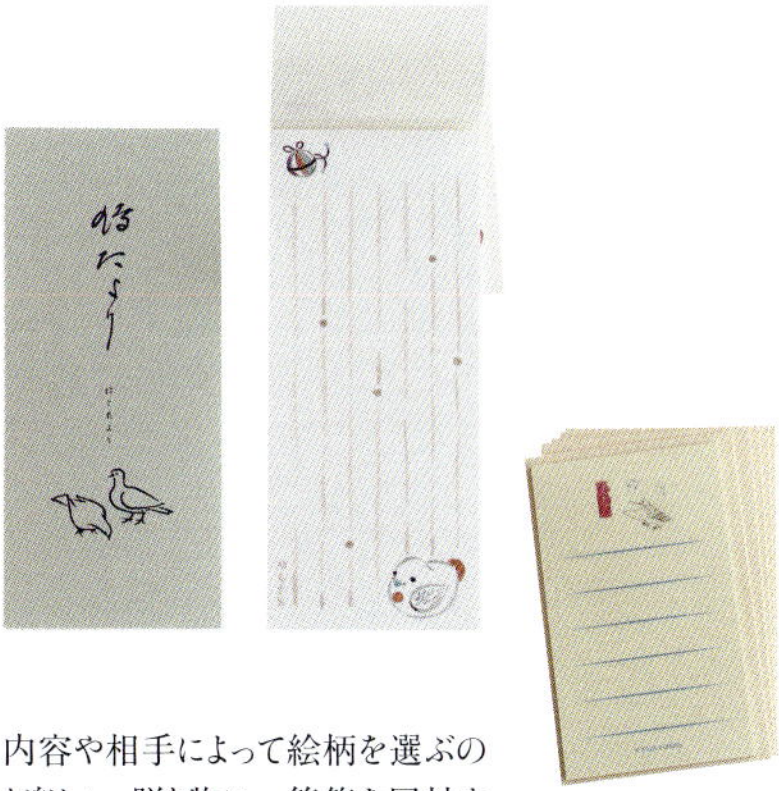

内容や相手によって絵柄を選ぶのも楽しい。贈り物に一筆箋を同封する場合は封筒に入れて。

ペンは書き味をみて選ぶ。試し書きには、自分の名前を書いてみると一番わかりやすい。

○一筆箋の選び方

一筆箋は、手紙とハガキの間くらいのアイテム。無地系や季節柄などデザインのバリエーションが豊富で、最近は横書きで小さめタイプなども人気です。

何種類か手元に常備して、相手によって柄を選んだりすると、書くほうも楽しさがあります。男性に送るときは、花柄やキャラ柄は避け、人目についても恥ずかしくないよう、シンプルなデザインを。

○文香をしのばせる

文香は、手紙を送る際に便箋に添えて同封する、香りの贈り物です。花や動物など様々なモチーフがあります。届いた手紙を開けたときに、ふわっとやさしい香りで受け取る相手の心を癒す、風情のある気づかいです。

その季節らしい文香を添えると、より強く印象に残るはず。海外の方への贈り物にも喜ばれる。

おつきあいのマナーQ&A

冠婚葬祭のおつきあい、お返しの贈り物、季節のご挨拶など。社会人としてのふるまい方をご相談。

相談窓口●東京鳩居堂

Q1

喪中ハガキでご不幸を知った場合、

お悔やみの気持ちを伝えるには？

家族葬が増えている今、喪中ハガキでご不幸を知るケースも多くなっています。可能であれば知ったタイミングでご弔問されて、生前お世話になった感謝をお伝えしたいものです。持参が難しい場合は、お悔やみの気持ちを込めたお手紙を添え、香典やお線香をお贈りするのがいいでしょう。

Q2

お世話になった方のお葬式に伺えなかったとき、

香典と一緒に供物も贈っていい？

香典だけでなく、お世話になった気持ちとしてお線香などの供物などを合わせて贈っても失礼にはなりません。

ただし、表書きを同じにすると「ご不幸が重なる」という言い伝えも。不祝儀袋とお線香のかけ紙の表書きは、「御佛前」「御供」などとそれぞれで変えるよう気遣いをしましょう。

Q3

婚家の冠婚葬祭、

ご近所の弔事にどうつきあう？

冠婚葬祭のしきたりは、地域や考え方、家により様々です。お正月やお盆の迎え方、ご親戚とのつきあい方、慶事弔事の際の対応なども、親御さんに相談してみましょう。ご結婚後は、「郷に入っては、郷に従え」で、ご実家のやり方を主張せず、婚家のしきたりに習われるのがいいでしょう。

ご近所の弔事など自然と耳に入ってくる

ものですが、どんなふうに関わるかは、日頃のおつきあいにもよります。おつきあいがあった場合は、お菓子やお線香などのお供えを持って弔問に伺います。町内会やマンションの世話役などがいらっしゃれば、ご指示に倣うといいでしょう。

家族の歳時スケジュール、ご親戚のご住所、贈答の記録など、簡単に冠婚葬祭ノートなどに記しておくと役立ちます。

Q4 高級なお食事や贈り物

などをいただいたら、お返しは早くしたほうがいい？

おもてなしや贈り物に対して、すぐにお返しをしなければならないわけではありません。お礼状は早めがいいですが、物でのお返しが早すぎては、何か「借りを作りたくない」ようにも感じられる場合も。特に目上の方からのお食事などは感謝しつつ、素直にご馳走になるのも、相手の思いをくむ意味でもスマートです。

返礼の贈り物はタイミングをはかって。旅先で珍しい物を見つけたときに贈ったり、季節のおいしいものを届けて、お返しに代えるといった方法もあります。

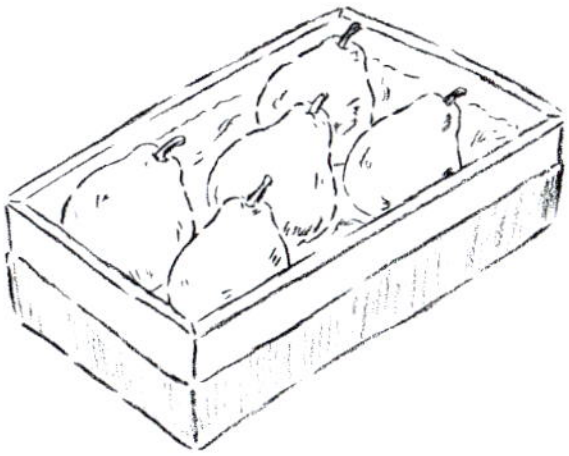

Q5 季節の御挨拶は メールより手紙がいい？

急を要する場合などにメールはとても便利ですが、手から手へぬくもりを伝えてくれる手紙の魅力を日常からなくしたくないものです。

鳩居堂で長く人気があるのが、季節の草花の絵柄が描かれたハガキです。メール感覚の短いメッセージをしたためるだけでも、気持ちが伝わります。

書く側は文章で悩みがちですが、受け取る側は、「きれいな花ね」とビジュアルにも惹かれるものです。絵柄が多種あるので、選ぶ時間も心豊かで、店頭のハガキ棚の前でとても楽しげに悩まれている方もいらっしゃいます。

メールをされていない方へはもちろん、離れて暮らす両親や友人、病気やご不幸があった方への慰めや励ましなどにも、折々の花便りはことのほか喜ばれます。ちなみに、草花の柄は季節の先取りで使うと趣があるとも。

贈り物に心添えて迷ったら自然なほうへ

親しい人への贈り物を選んでいるとき、ふと微笑んでいる自分に気づいたりしませんか？　贈る相手とのエピソードが浮かんできたり、相手の好みそうな色を考えたり。選んだ物が相手に届くまでの「間」も楽しく、届いたときの様子を想像する喜びは格別。贈り物は、人に贈っているようで、自分への贈り物でもあると気づきました。

「心を尽くした」贈り物は、必ず相手の心を動かすし、自分の心を楽しませる栄養にもなります。

贈り物は気持ち。その気持ちの言葉を添える――がマナーで大事なこと。本書の取材でそう教わって以来、何か人に物を贈るとき、自分にこういいきかせています。

「物だけを贈ってはダメ。心を尽くして」

ご贈答は、互いの気持ちのやりとり。物を買って、「ルール通り贈ったからいいでしょう」なんてことではありません。慶事でも弔事でも、そもそもは相手への気持ちの言葉があって、その見えない気持ちの言葉を形にしたのが物であるわけです。

「ありがとう」
「お世話になりました」
「感謝のしるしです」

媚びず、無理なく。ささやかな贈り物にも、感情のある言葉を添えると、相手にも等身大で伝わりやすくなります（短いけれど豊かに伝わる文例をP・142に集めてみました。ご参考に！）。

マナーやふるまい、小さな言葉遣いひとつ、最後の最後、どちらかを選択すべきか迷ったら、それが「自然かどうか」と自分に問うてみてください。自分が不自然に感じることには気持ちが添いません。相手も自分も安らぐほうへ、マナーの本質は幸せの分かち合いです。

フォーマルお役立ちメモ

贈り物に添えると心あたたまるメッセージ例や
大事な日に気をつけたい所作やふるまい、
慶弔の着こなしポイントのまとめなど、追記しておきたいことを集めました。
ささやかな心がけをお忘れなく。

Tips 1

贈り物に添えるひと言文例

ちょっとした贈り物を
親しい人へ贈るとき、
一筆を添えると人間関係が豊かに。
相手への気持ちを込めた
短いメッセージは効き目大です！

【入学祝いのお礼のひと言】

頂戴したお祝いで太郎が好きな絵本を買いました。
おかげさまで、毎晩のようにパパと読書タイムを楽しんでいます。
お仕事が一段落したら、うちに来て
ぜひ太郎に本を読んであげてね。
ありがとう！

【ママ友への差し入れに添えて】

風邪の具合はいかがですか？
困っていることがあったら、
いつでも連絡してね。
うちの子たちが大好きなパンを
同封してます。
朝ごはんにでも！
冷凍しておいて食べる分だけ焼くと
ラクでおいしいよ。

【開業（開店）祝いに添えて】

ご開業（開店）おめでとうございます。
いよいよ船出ですね。千客万来、商売繁盛！
たくさんの人に愛される
会社（店）になりますように、
微力ながらいつも応援しています。

【同僚や後輩の転職祝いに添えて】

これまで、いろいろありがとう。
新天地でもすばらしいご活躍を祈ります。
綾子さんなら大丈夫！

NG

＊場合により避けるべき言葉に注意を。

【結婚】
「終わる」「切れる」「苦しい」「別れる」「冷える」、「重々」「再び」など繰り返しを想起させる言葉も。

【出産】
「流れる」「落ちる」「薄い」など。

【開業・開店祝いなどでは】
「倒れる」「燃える」「消える」など。

【旬のおいしいものに添えて】

もうすっかり秋ですね。
うちの田舎の新米が、
今年は豊作でした。
少しですがお味見を。
モリモリごはんを食べて、
明日の英気を養ってください！

【旅のお土産に添えて】

夏休みに九州へ
里帰りしてきました。
地元では大人気のお菓子です。
おひとつどうぞ～♪

【お中元やお歳暮に添えて】

お世話になっている感謝のしるしとして、
ほんの気持ちですが、
お中元（お歳暮）を選びました。
楽しんでいただけたらうれしいです。

【快気祝いに添えて】

8月の終わりに退院できました。
入院中はお見舞いに来てくれてありがとう。
マリちゃんの言葉にとっても励まされました。
来月には会社に復帰します。
近々ランチでも！

【受賞祝いに添えて】

すばらしい賞に輝かれたと聞いて、
こちらまで胸がときめきました。
友の才能とがんばりが認められて、
うれしく、誇らしい気分です。
本当におめでとう！

【出産祝いに添えて】

新しい家族の誕生、おめでとう！
心ばかりの品を贈ります。
赤ちゃんと一緒に使ってもらえるとうれしいです。
花子ちゃんに会えるのを
友人全員で楽しみにしていますよ。

【出産内祝いに添えて】

長男　太郎
11月10日　３２００gで誕生です！
母子ともに元気です。
ささやかですが感謝の気持ちを贈ります。
どうぞ顔を見に来てください。

【両親の長寿祝いに添えて】

お父さん（お母さん）、
喜寿おめでとうございます。
健やかに毎日を過ごしてくださっていることが、
心からうれしいです。
これからもお元気で、
孫たちの成長を見守ってくださいね。

Tips 2

気をつけたい所作

装いと同じくらい印象を左右するのが「美しい所作」。姿勢、手先指先のディテールに気を配るだけで女性らしさや上品さが際立ちます。

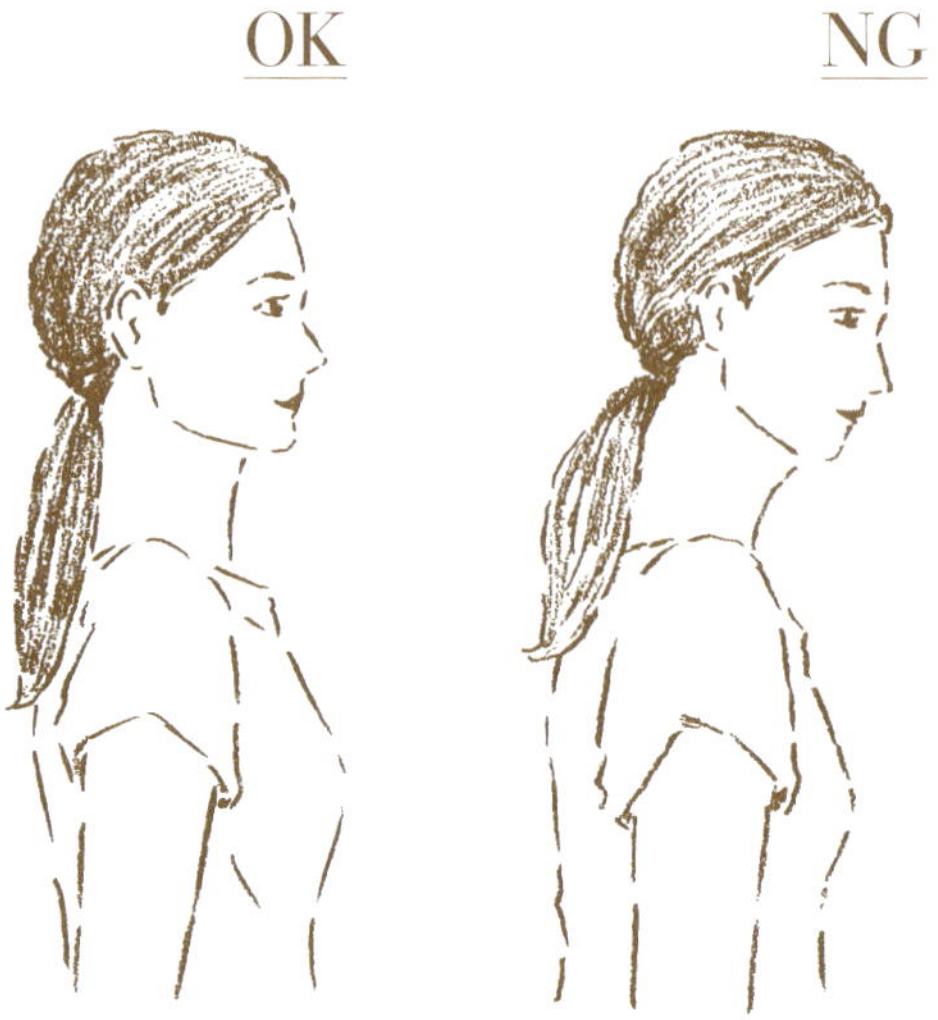

【きれいの基本は姿勢にあり】

猫背の人は頭頂部が上に引っ張られるようなイメージで立つと、自然と背筋が伸びる。特に写真に写るときは意識して。

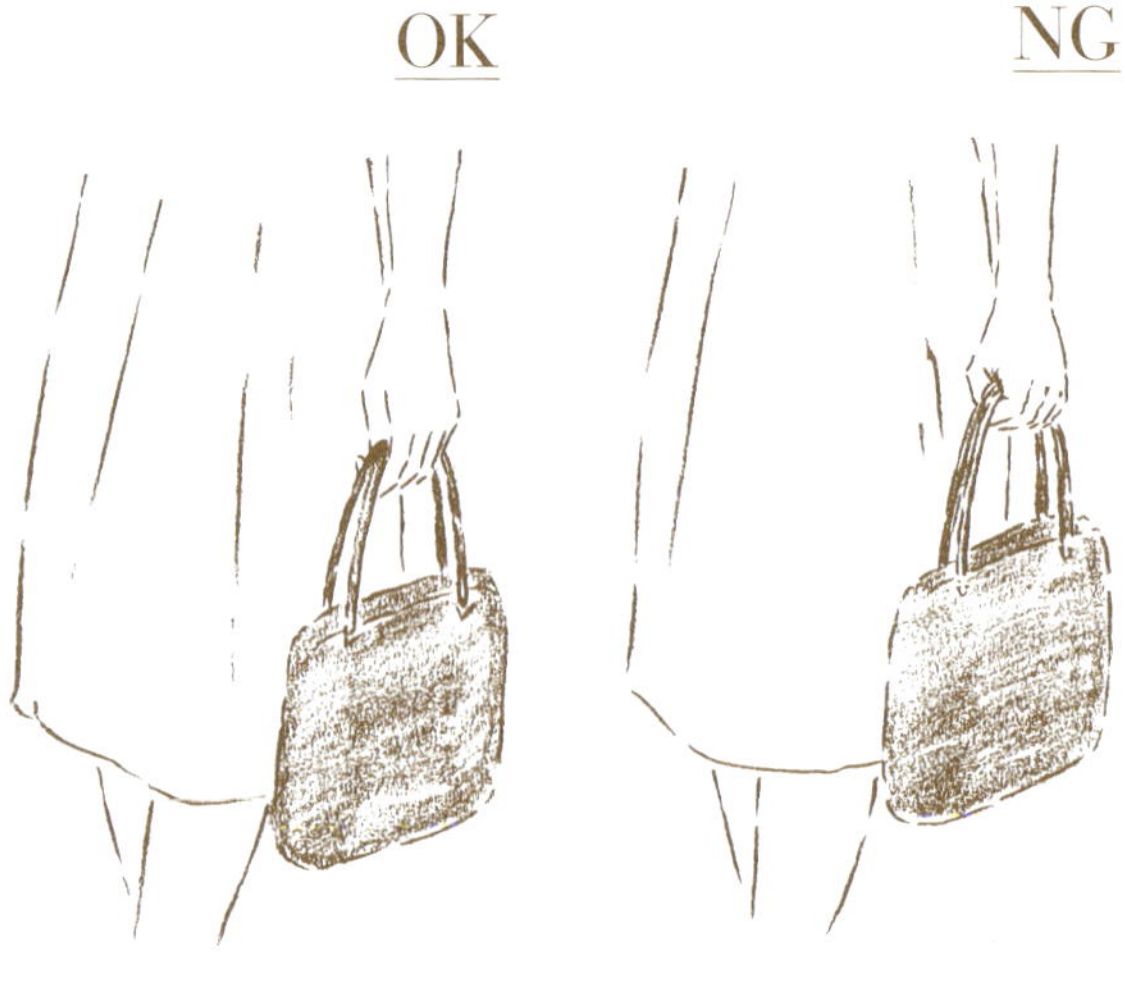

【物を持つ手先を揃えて】

物を持つとき無造作にガサッと掴むと粗野な印象に。バッグやグラス、携帯を持つときも、指先を揃えてやさしげに持つと上品。

【着物の日は歩幅小さくやや内股で】

外股で歩くと美しい着物も台なし。
両足のひざ頭をつけ、足を内側に向けて歩く。
洋服の歩き方と
同じにならないように気をつけること。

NG

OK

【女性らしい座り方はひざ下がポイント】

イスに座ったら、ひざを揃える。
つま先を軽くくっつけて斜めに足を流すとぐっとエレガント。
逆につま先が開くとだらしなく見える。

OK

NG

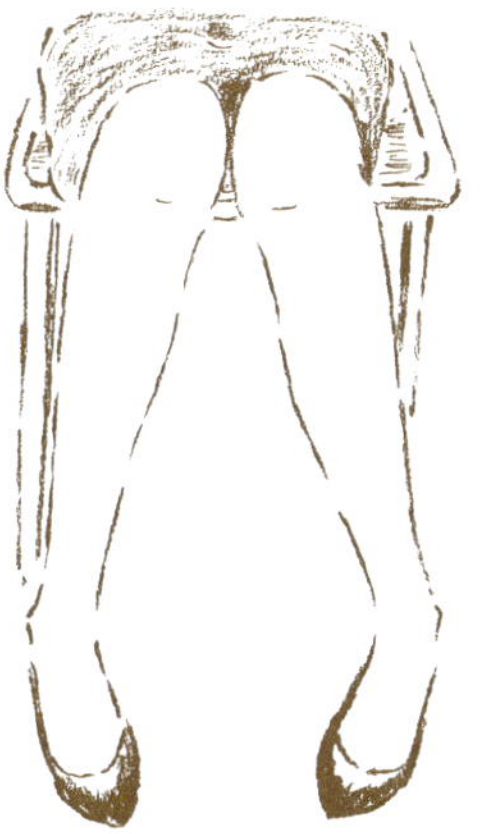

あとがき

「マナーの山」のある人生

思えば、マナーの山というフィールドで、
一番の迷い子は、この本を制作しているわたしたち自身でした。
特に服装においては、出版業界という比較的カジュアルな場で生きているうちに、
フィールドが見渡せなくなっていたようです。
マナーの最低層にいるわたしたちが手がけたこの本は、「わからない人に親切にしよう」が合言葉。
どうして? なぜ? と疑問を積みあげ、高く険しい「マナーの山」を歩きやすく、
必須ステップに絞ってまとめました。

取材の道を歩くなかで、慶びのときも悲しみのときも、マナーや礼装の本質が
「相手を思いやっての装い、ふるまい」に必ず帰結していくことを実感しました。
つくづく、礼儀作法とは人として成熟することに他ならないのですね。

大切なことに気づけた今、思うのです。
まっすぐな気持ちで誰かを喜ばせようとする。そういう人が真に「美しいひと」だと。
この本が、お一人お一人の人生で、少しでもお役に立てますように。
たくさんの人と、大切な気持ちをわかち合えることを願っています。

本書の制作にご協力くださった方々

この本の制作にあたり、すばらしい商品をご提供いただき、ご助言をいただいたことを深く感謝申し上げます（掲載順不同・敬称略）。

＊掲載した商品は入手できない場合がございます。ご了承ください。

＊クレジット記載のない服はスタッフの私物です。

【1章】

●カラーフォーマル
伊勢丹新宿店
東京都新宿区新宿3-14-1
TEL／03-3352-1111
www.isetan.mistore.jp

●パール
（株）上村真珠
福岡県福岡市中央区平和5-10-10
TEL／092-523-4180

【2章】

●ブラックフォーマル
日本橋三越本店
東京都中央区日本橋室町1-4-1
TEL／03-3241-3311
mitsukoshi.mistore.jp

●数珠
シュオ
東京都渋谷区恵比寿南2-21-11 朝日ビル102
TEL／03-5725-2390
shuo.jpn.com

【3章】

●着まわしフォーマル
パーソナルショッピングデスク レディス
日本橋三越本店
TEL／03-3274-8982（直通）

【4章】

●きものフォーマル
oteshio
北海道札幌市中央区南一条東2丁目
和興ビル 2階
TEL／011-271-9577
www.oteshio.com

【5章】

●大人のマナーと気づかい帖
東京鳩居堂
東京都中央区銀座5-7-4
TEL／03-3571-4429
www.kyukyodo.co.jp/

参考文献

『あたらしい着物の教科書』（日本文芸社）
『三越伊勢丹の最新儀式110番』（誠文堂新文社）
『大人きもの おしゃれ事典』（WAVE出版）
『家族で楽しむ 歳時記・にほんの行事』（池田書店）
『図解 社会人の基本 マナー大全』（講談社）
『鳩居堂の日本のしきたり豆知識』（マガジンハウス）

美しいひとＢＯＯＫＳ

心身ともに「美しいひと」をめざすために――。
大人が心地よく、そして美しく生きるための知恵をご紹介する本。
衣食住からコミュニケーションまで、さまざまなテーマを追求します。
本書『大人の礼服とマナー』では、１００数名の方にアンケート協力をいただき、
等身大の疑問や知りたいことをもとに取材を進めました。

心からの感謝を（敬称略）
伊藤良恵、小木曽杏子、高澤亜希、谷綾子
星野英里子、平田志岐子、平山耀子、横山和嘉子

＊本書の企画に際し、アンケートに
ご協力くださった方々にも深い感謝を。

【構成・執筆】 おおいし れいこ
【ブックデザイン】 櫻井久、中川あゆみ（櫻井事務所）
【写真】 大沼ショージ
【イラスト】 Ｓｈａｐｒｅ
【スタイリング協力】 上野淳美（oteshio）
【校正】 鷗来堂
【編集】 飛田淳子

大人の礼服とマナー

２０１８年12月7日 第1版第1刷発行
２０１９年5月30日 第2刷発行

発行者 山本周嗣
発行所 株式会社文響社
〒１０５-０００１
東京都港区虎ノ門２-２-５ 共同通信会館９Ｆ
ホームページ http://bunkyosha.com
お問い合わせ info@bunkyosha.com

印刷 中央精版印刷株式会社
製本 古宮製本株式会社

ISBNコード：978-4-86651-106-1 Printed in Japan
この本に関するご意見・ご感想をお寄せいただく場合は、
郵送またはメール（info@bunkyosha.com）にてお送りください。